AF316113

MISSION

AGRICOLE ET ZOOTECHNIQUE

DANS LE

SOUDAN OCCIDENTAL

1884 — 1885

PAR

M. KORPER

VÉTÉRINAIRE MILITAIRE

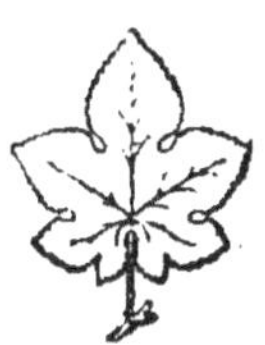

PARIS.

CHALLAMEL AINÉ, LIBRAIRE-ÉDITEUR,

5, RUE JACOB, ET RUE FURSTENBERG, 8.

—

1886

MISSION AGRICOLE

ET

ZOOTECHNIQUE

MISSION

AGRICOLE ET ZOOTECHNIQUE

DANS LE

SOUDAN OCCIDENTAL

1884 — 1885

PAR

M. KORPER

VÉTÉRINAIRE MILITAIRE

PARIS.

CHALLAMEL AINÉ, LIBRAIRE-ÉDITEUR,

5, RUE JACOB, ET RUE FURSTENBERG, 2.

1885

LIVRE Ier. — Agriculture.

CONSIDÉRATIONS GÉNÉRALES.

Le Haut-Sénégal est un pays assez accidenté, présentant, çà et là, des montagnes souvent à pic, entre lesquelles se trouvent de superbes vallées, arrosées par des marigots à eaux constantes.

Dans certaines régions, le pays est aride et monotone pendant la saison sèche ; mais, dès que les pluies surviennent, la puissance de la végétation est telle que la campagne est resplendissante de verdure.

Dans d'autres, au contraire, la végétation est constante, par exemple, dans le Bafing et le Gangaran ; cela tient à ce que les cours d'eau ne tarissent jamais.

Le pays offre, à chaque instant, des collines isolées les unes des autres, des massifs ayant un relief de 50 à 200^m au-dessus du niveau des plaines ; les pentes de ces hauteurs sont, presque toujours, des gradins successifs taillés à pic.

Vers les sources du Sénégal, il existe des rivières dont l'eau présente des propriétés ferrugineuses.

Les plaines sont, en général, fertiles ; mais, par suite des ravages qu'a faits El Hadj Omar, le grand conquérant toucouleur, le pays est peu peuplé et, par suite, peu cultivé.

Depuis notre occupation, qui date à peine de quatre ans, les cultures ont augmenté de près de moitié, parce qu'actuellement, les indigènes peuvent travailler en toute sécurité.

Le Haut-Niger, pays excessivement riche et très commerçant, présente un aspect beaucoup plus agréable.

Ce fleuve est environné de vastes plaines, très fertiles, bordées à l'Ouest par les monts du Manding, qui présentent des trouées d'où descendent des cours d'eau roulant en cascades dans d'étroites vallées qu'ils fertilisent.

La richesse de la vallée du Niger est due aux inondations qui ont lieu, presque tous les ans, pendant l'hivernage. C'est une contrée très peuplée, et, par suite, très cultivée. En outre, il y existe de nombreux pâturages qui permettent l'élevage du bétail.

Par toutes ces considérations, le Haut-Niger est appelé à un avenir commercial des plus brillants.

SAISONS.

D'après les observations météorologiques recueillies dans les différents postes du Haut-Sénégal depuis près de quatre ans, nous avons une température moyenne de 27°5 par année.

Les mois les plus chauds sont avril, mai et juin, pendant lesquels la température moyenne est de 31° ; les mois les moins chauds sont novembre, décembre et janvier, qui présentent une température moyenne de 24° centigrades.

Il existe deux saisons parfaitement distinctes : la saison des pluies ou hivernage, de juillet à novembre : c'est la saison des cultures et des récoltes.

Dans la saison sèche, qui comprend le reste de l'année, la campagne est triste ; les feuilles des arbres sont brûlées par le soleil, qui tarit aussi les cours d'eau.

Cependant, les vallées arrosées par des marigots à eaux constantes conservent, toute l'année, une belle végétation : c'est ce qui arrive dans le Gangaran, le Bafing, le Manding.

Pendant l'hivernage, le pays change absolument d'aspect, grâce à la force et à la luxuriante richesse de sa végétation.

SOL-TERRE ARABLE.

Le pays appartient, au point de vue géologique, à la formation tertiaire. Les couches énormes d'alluvions composées de débris de terrains volcaniques sont venues le recouvrir dans le Nord. On y trouve de l'argile propre aux travaux céramiques. Dans certaines parties, le Bouré, le Ouassalou, sous cette couche d'argile on trouve une seconde couche de sable mêlé de quartz.

C'est dans ce terrain que l'on trouve de l'or, soit en poudre, soit en petits lingots. Les indigènes emploient des moyens bien rudimentaires pour l'extraction de ce métal précieux ; aussi verrait-on le produit augmenter dans de notables proportions, si l'extraction en était confiée à des gens plus habiles et plus actifs.

Il existe aussi de nombreux gisements de fer, particulièrement dans le Bélédougou.

La couche superficielle du sol ou terre arable, dont l'épaisseur n'est pas moindre de 0m30 et atteint, quelquefois, 0m50, particulièrement dans le Haut-Niger, est formée des mêmes éléments que le sous-sol, avec de l'humus en plus.

Dans la partie Nord du Haut-Sénégal et du Haut-Niger,

c'est-à-dire, dans le nord de Kaarta, du Bélédougou dans le pays de Ségou, le terrain est sablo-argileux et très humifère Dans le reste de la région, il est argilo-sablonneux. Depuis des siècles, une végétation constante accumule ses détritus sur ces terrains qui sont, aujourd'hui, très propres à être cultivés pendant une longue série d'années sans qu'il y ait besoin de les fumer.

Cette richesse du sol en humus et sels assimilables, les bonnes conditions de lumière et d'humidité du climat, font comprendre quelles cultures variées on peut y entreprendre.

Nous citerons, principalement, le riz, le maïs, les arachides, le tabac. le coton, la canne à sucre, les fourrages, l'indigo.

Les défrichements ne sauraient être plus faciles. Il n'y a, en général, que de petits arbustes qu'il est fort simple d'enlever. Je pense que, dans la majorité des cas, une charrue avec deux paires de bœufs pourrait défricher un hectare en quatre jours.

DE L'AGRICULTURE PROPREMENT DITE.

Les terrains non défrichés et pouvant être cultivés représentent bien les 2/3 du sol.

L'autre tiers comprendrait les cultures et les terrains stériles. Ces terrains sont en infime quantité : ils ne comprennent guère que quelques espaces où l'on ne trouve que du roc. On peut dire, en somme, qu'il n'y a pas, à proprement parler, de terrains stériles dans le Soudan occidental et que tous sont bons pour la culture.

Dans cette région, tous, hommes, femmes et enfants, se livrent aux travaux des champs. C'est leur unique préoccupation pendant la saison d'hivernage. Les travaux commencent dès la mi-juin, en même temps que les premières pluies.

TERRAINS EN CULTURE.

Avant notre occupation, la superficie des terres cultivées était peu considérable ; la culture ne dépassait pas les environs des villages, dans un rayon de 3 à 4 kilomètres. Cela tenait, sans aucun doute, au manque absolu de sécurité qui régnait dans le pays.

Aujourd'hui, les surfaces ensemencées ont beaucoup augmenté ; ainsi, dans le cercle de Bafoulabé, il a été, dans le courant de la campagne 1884-1885, acheté cent mille kilos de mil ou maïs ; les années précédentes, le cercle n'avait pu en fournir que cinquante à soixante mille, au plus. L'augmentation qui s'est produite dans les cultures est donc notable.

Et plus notre influence s'étendra, plus la superficie des terrains cultivés s'accroîtra ; car, dès que nous aurons pu procurer au pays une complète sécurité, les indigènes se livreront, sur une grande échelle, aux paisibles occupations de l'agriculture.

Nous devrons, du reste, introduire dans la population du Soudan des instruments aratoires plus perfectionnés que ceux dont elle se sert, afin d'activer ses travaux.

INSTRUMENT INDIGÈNE.

Actuellement, les indigènes n'ont qu'un seul instrument ara-toire : c'est une sorte de piochon à manche court, composé d'un fer rectangulaire concave, enfoncé par une longue soie dans le manche, renforcé en cette partie. Il est facile de comprendre qu'à l'aide de cet instrument tout primitif les cultivateurs indi-gènes ne puissent travailler ni aussi vite ni aussi bien qu'ils le feraient s'ils avaient entre les mains un outillage plus perfec-tionné, bien qu'assez simple pour qu'ils en puissent saisir le maniement.

MODE DE CULTURE.

Avec l'instrument qui vient d'être décrit, les indigènes net-toient le terrain et disposent la terre en petits mamelons assez réguliers, de forme légèrement conique, ayant environ 0^m75 de large, 0^m30 de hauteur ; le but de cette opération est d'éviter la dispersion des semis pendant les tornades et de permettre à l'eau de séjourner autour de ces monticules.

Dans le Haut-Sénégal, les cultures se font en juin et juillet; la récolte n'a lieu qu'une fois par an, en septembre ou en octo-bre, suivant la nature des semis.

Il serait, d'ailleurs, facile de faire, au mois d'octobre, une deuxième culture qui permettrait de récolter en janvier et février, comme cela a lieu dans le Fouta Sénégalais.

C'est ce qui arrivera certainement dès que les indigènes auront de meilleurs instruments aratoires et pourront activer leurs tra-vaux.

Ces deux récoltes successives sont même nécessaires pour empêcher l'envahissement du sol par les plantes sauvages qui ne cessent de pousser toute l'année, ainsi qu'il arrive dans tous les terrains fertiles.

Pour réduire ses grains en farine, l'indigène se sert du pilon en bois et du mortier ; aussi lui faut-il un temps infini pour broyer une certaine quantité de mil. Ce sont les femmes qui sont, ordinairement, employées à ce travail.

MESURE DU PAYS.

La mesure du pays consiste en une calebasse de moyenne grandeur que l'on nomme « Moule ». Le moule varie suivant les régions : ainsi, il pèse 2 kilos dans le Haut-Sénégal et 2 kilos 400 dans le Haut-Niger. Tous les grains s'achètent par moules.

DE L'EMMAGASINAGE DES RÉCOLTES.

L'indigène est dans de déplorables conditions pour conserver chez lui les céréales. Aussi est-il souvent obligé, soit de vendre son grain dès qu'il l'a ramassé, soit de n'en cultiver que la quantité strictement nécessaire à ses besoins.

Les cultivateurs ont bien, hors du village, de petites cases où ils cachent leurs grains; mais ce ne sont là que des abris tout à fait insuffisants. Il sera nécessaire, dès que les récoltes des céréales auront pris de l'importance, de construire de grands magasins où elles seront garanties de l'humidité et des insectes.

Le noir est donc essentiellement cultivateur : aussi devons-nous nous efforcer de l'encourager dans la voie où il s'est de lui-même engagé, en lui procurant nos instruments agricoles les plus simples et en lui donnant des primes s'il obtient de bons résultats.

En un mot, il faut stimuler l'initiative individuelle et accroître l'énergie de l'activité productive. Car toute colonie qui néglige son agriculture est menacée dans son essence même. C'est dans l'agriculture surtout que réside sa vitalité. Que d'exemples de cette vérité sont fournis par l'histoire ! Rome a été la maîtresse du monde tant que ses champs étaient féconds, riches et bien cultivés ; cette fertilité s'affaiblit-elle, la puissance romaine diminue peu à peu et finit par disparaître de la carte du monde où elle figurait seule autrefois. Ce qui vient d'être dit de Rome peut s'appliquer aussi à la Grèce, dont l'hégémonie a été ruinée par l'appauvrissement du sol.

C'est l'agriculture qui fait les bras les plus forts et les cœurs les plus fermes. C'est en elle que la colonie prendra sa richesse et sa force.

De la culture spéciale des plantes dans le Haut-Sénégal et le Haut-Niger.

Chapitre Ier

RIZ. — Le riz est cultivé presque partout, et surtout dans le Haut-Niger. Les vastes plaines que ce fleuve inonde dans le Massina, sont de vraies rizières.

Les indigènes ne le cultivent pas comme en Asie ; ils ne font pas de talus pour faire séjourner l'eau autour des rizières. Ils le sèment à la volée en juillet et le récoltent en octobre.

Qualité. — La qualité du riz du Soudan est égale, sinon supérieure, à celle du riz asiatique. Il charge beaucoup et donne de 80 à 150 pour un.

La culture du riz deviendra une source de richesse pour le Soudan occidental dès que les routes seront ouvertes et dès que la sécurité du pays permettra aux indigènes d'augmenter et d'activer leurs travaux ; ils auront, d'ailleurs, un placement assuré pour leurs produits. En effet, l'Europe entière fait une consommation énorme de cette denrée, et le riz du Soudan, qui coûtera moins cher que celui d'Asie, trouvera, par ce motif, facilement à s'écouler.

Valeur commerciale. — La valeur commerciale actuelle à Bammako S/Niger est de 0,30ᶜ le moule, soit 0,15ᶜ le kg., prix relativement élevé mais qui s'abaissera forcément, au fur et à mesure que la production augmentera.

En résumé, la culture du riz sera, certainement, l'objet de transactions importantes quand nous serons maîtres du Niger jusqu'à Tombouctou, et quand nous aurons ouvert une route allant de Bafoulabé à Timbo (Fouta Diallon).

Rendement. — Dans le Haut-Sénégal, la quantité de riz actuellement cultivé est si minime qu'il serait difficile de déterminer le chiffre de son rendement.

Le véritable pays du riz, c'est le Niger, dont les débordements annuels favorisent particulièrement cette culture. Les frais de culture sont d'environ 200 francs par hectare. Or le rendement moyen obtenu a été d'environ 4000 kilos à l'hectare. Le bénéfice net sur un hectare est donc de 400 francs.

Paille de riz. — Avec la paille de riz, les indigènes fabriquent des chapeaux et de petits paniers plats assez originaux que l'on trouve sur les marchés du Bélédougou.

MAÏS. — Il existe deux variétés de maïs : le maïs jaune à grains moyens, et le maïs blanc. La première variété est cultivée en grande quantité par les indigènes, qui en font une très belle farine, dont ils se servent dans leur alimentation.

Le maïs blanc produit beaucoup plus ; il est préféré pour les animaux, car il est moins échauffant.

La végétation du maïs, dans le Soudan, est la réalité de la végétation des tropiques.

La nature du sol et le climat sont éminemment favorables à la culture de cette céréale, qui, de tout temps, a constitué presque exclusivement, avec le mil, la base de la nourriture des indigènes. En outre, c'est l'aliment le plus propre à remplacer l'avoine pour la nourriture des chevaux et des mulets ; il est plus avantageux que l'orge dans ce pays. Du reste l'usage du maïs se propage, même dans les contrées qui n'en produisent pas. Ainsi, en Angleterre, on le fait venir d'Amérique.

Après la récolte, la terre est immédiatement labourée et semée de nouveau en mil ou en arachide. Si l'on tient compte du peu de temps que dure cette culture, de l'avantage qu'elle offre de fournir 2 récoltes consécutives, de la certitude que peut avoir le producteur d'écouler facilement cette céréale, on comprendra aisément que l'indigène y consacre, chaque année, une grande partie de ses terres.

Le maïs, par sa composition, se rapproche beaucoup des aliments-types ; aussi est-ce le seul grain qui puisse, sans aucun mélange, remplacer l'orge et l'avoine. La facilité avec laquelle le sol produit ici le maïs, et la grande quantité de matières alimentaires que fournit cette plante, en font une des productions les plus précieuses après le riz et les arachides.

Rendement. — Quand la culture est bien faite, on obtient un rendement moyen de 3200 kgs. Or les frais de culture, comprenant le semis, le travail des indigènes et les frais de récolte, s'élèvent à environ 160 fr.; soit un bénéfice net de 160 fr. environ par hectare.

Le maïs est encore précieux pour l'engraissement du bétail et de la volaille. On pourrait aussi s'en servir pour la fabrication de l'alcool.

Valeur commerciale. — La valeur commerciale de ce grain est la même que celle du mil, soit de 10 fr. les 100 kgs.

La paille, après que l'épi en a été retiré, sert à engraisser le bétail.

ARACHIDE. — L'arachide du Soudan est une plante traçante qui donne des fruits, dont l'intérieur est de couleur jaunâtre.

Elle est semée par touffes de 2 ou 3 graines espacées les unes des autres de 0^m20 à 0^m30, sur de petits mamelons. Les indigènes, qui cultivent de nombreux champs de pistaches, en ont un très grand soin.

La pistache a une saveur agréable qui rappelle un peu le goût de la noisette ; elle renferme de 40 à 50 p. 0/0 d'huile.

Il lui faut un climat chaud, un terrain substantiel et léger, de nature silice-argileuse ; aussi réussit-elle très bien dans le Soudan, où elle trouve, précisément, réunies toutes ces conditions de bonne végétation.

Valeur. — La valeur commerciale de l'arachide dans le Haut-Sénégal se calcule sur le pied de 60 moules, soit 120 kgs, pour une pièce de guinée. Or la pièce de guinée a une valeur représentative, à Bakel, de 12 fr. 50.

Le prix réel est donc d'environ 12 fr. les 100 kgs ; ce prix est plus élevé à Saint-Louis, où l'arachide s'est vendue jusqu'à 28 fr. les 100 kgs.

Rendement. — Les frais de culture pour un hectare (semis, travail des indigènes, buttage, enlèvement des plantes et récolte des gousses) montent à 135 fr. La récolte moyenne est d'environ 3000 kgs qui représentent une valeur pécuniaire de 370 fr., soit un bénéfice de 135 fr. par hectare.

L'amande d'arachide vaut, en France, suivant le cours, de 29 à 40 fr. les 100 kgs. Il y aurait donc un grand avantage à l'exporter.

Or, comme les arachides viennent en première ligne parmi les produits d'exportation du Sénégal, elles seront forcément l'objet de très importantes transactions dès que nous pourrons donner de l'extension à l'agriculture.

Il s'en fait une sérieuse consommation en Europe. La France, seule, en reçoit plus de 50 millions de kilogrammes venant d'Afrique et d'Asie.

L'huile d'arachide est excellente pour la table ; elle peut aussi servir et pour la fabrication du savon et pour l'éclairage.

La paille d'arachide est un des meilleurs fourrages du pays ; elle est surtout excellente pour l'élevage et l'engraissement du bétail.

HARICOTS. — Les haricots sont cultivés au milieu du mil et du maïs. Il y en a, aussi, qui poussent à l'état sauvage.

Il y en a un très grand nombre de variétés ; on en trouve

des blancs, des roses, des gris, enfin, de toutes les nuances : ce sont, principalement, des variétés-nains, fort agréables au goût.

Leur valeur commerciale est la même que celle du mil, 10 fr. les 100 kgs. C'est un très bon légume et qui serait préférable aux fayols envoyés de France.

COURGES. — Il existe de nombreuses variétés de courges et calebasses. Ce sont des plantes rampantes qui grimpent partout et produisent énormément. Les indigènes les sèment souvent au pied de leurs cases de façon à ce que celles-ci soient recouvertes par de larges feuilles. En général, elles servent pour tous les usages de la maison ; elles remplacent les plats, assiettes, bols et petites mesures, écuelles, etc.

MANIOC. — Le manioc, de la famille des euphorbiacées, est assez rare dans le Haut-Sénégal ; on ne le trouve que dans le Bélédougou et le Manding. C'est, pourtant, une plante très précieuse pour la nourriture de l'homme. Il est vrai qu'elle est dangereuse pour les animaux, qui meurent empoisonnés, s'ils en boivent le jus.

On peut le manger cuit au four, sous les cendres, ou à l'eau et avec de la viande. On peut aussi en faire de la farine avec laquelle on fabrique des galettes. En mélangeaut cette farine avec de la farine de maïs blanc, du lait, du sucre et des jaunes d'œufs, on fait de très bons gâteaux que l'on fait frire à la poêle ou cuire au four.

PATATE DOUCE. — La patate douce, de la famille des convolvulacées, vient en grande abondance. Il est difficile de la détruire, quand elle s'est implantée depuis quelque temps. Il en existe de nombreuses variétés, des blanches, des jaunes, des longues et des rondes ; elles sont toutes cultivées de la même façon. Malheureusement, une fois récoltées, elles se conservent difficilement, car la pourriture les gagne aussitôt qu'elles sont sèches.

Les indigènes les mangent avec avidité et les Européens s'en servent assez volontiers pour remplacer les pommes de terre.

Les feuilles constituent un excellent fourrage.

MIL. — (On sème 12 grains, environ, par trou.) Le mil est le grain que l'on cultive le plus dans le Soudan Occidental ; aussi y en a-t-il de grandes variétés.

Les quatre principales sont : le gros mil, le petit mil, le mil rouge et le mil nacré. Toutes servent à la nourriture des indigènes ; deux, seulement, servent aux animaux : le gros mil et le petit mil ; le mil rouge détermine chez eux de graves accidents et le mil nacré est assez rare et relativement plus cher que les autres variétés.

Le gros mil produit beaucoup, ainsi que le petit; aussi sont-ils cultivés partout en grande quantité.

Pourtant cette quantité ne nous suffit pas, eu égard à la consommation considérable que nous en faisons pour la nourriture des animaux.

Il est vrai de dire qu'avant notre arrivée, les indigènes cultivaient pour leurs besoins seulement et que nous avons rencontré, dans les campagnes précédentes, des difficultés très grandes pour nous procurer seulement la moitié de ce que nous avons acheté au cours de cette campagne-ci.

Conséquemment, il faut chercher, sans relâche, à augmenter encore beaucoup la production du mil, afin d'assurer l'alimentation, non seulement de tous nos animaux, mais encore de tous nos employés et manœuvres indigènes. C'est, du reste, ce à quoi l'on tend depuis déjà longtemps, et, dès que la chose sera possible, d'ici à deux ans environ, si l'augmentation des cultures continue dans les mêmes proportions que pendant les deux dernières années, il sera facile de réaliser des économies considérables. En effet, en supprimant le riz, on supprime la moitié des dépenses qu'occasionne le ravitaillement des postes, le poids du riz en transport étant à peu près égal au poids des autres denrées réunies.

Le mil est la base de la nourriture des indigènes, dans toutes les régions du Haut-Sénégal et du Haut-Niger.

Valeur. — La valeur commerciale du mil est de 10 fr. les 100 kgs.

Rendement. — Le mil donne le même rendement que le maïs ; le prix, les frais de culture sont également semblables à ceux de ce grain ; le bénéfice est donc le même, soit 190 fr. par hectare.

La paille sert de nourriture au bétail.

ARTICLE II. — Plantes basses pouvant être importées dans le pays.

ESSAIS DE CULTURE DU BLÉ ET DE L'ORGE.

Les essais de culture du blé et de l'orge ont donné des résultats peu satisfaisants. En décembre 1882 et janvier 1883, j'ai semé, dans le jardin que j'avais installé à Kayes, du blé et de l'orge dans des planches particulières qui étaient très bien soignées. J'ai eu pour résultat des tiges qui n'ont pas dépassé 0^{m}30 de hauteur environ, et qui se sont desséchées au bout d'un certain temps.

A Kita, M. le commandant du cercle avait fait des essais pendant l'hivernage 1883 ; les résultats qu'il a obtenus n'étaient pas plus satisfaisants.

On peut donc considérer la culture du blé et de l'orge comme impossible dans ces régions, par suite du manque de chaux dans les terrains.

FOURRAGES.

Le fourrage ! tel est le point sur lequel doit s'appuyer une agriculture intelligente et progressive. Avec le fourrage et l'engrais qu'il produit, le sol sera une caisse d'épargne à l'abri et au-dessus de tous les caprices hnmains. Ainsi traitée, la terre deviendra une source inépuisable de richesses.

En agriculture, c'est le bétail qui tient le premier rang ; aussi faut-il lui donner une bonne alimentation ; c'est par l'élevage du bétail que l'agriculture anglaise est devenue si riche.

La sécheresse, après la saison de l'hivernage, est le grand obstacle qui s'oppose au développement des fourrages, que la fécondité naturelle du sol et l'ardeur vivifiante du soleil commandent de répandre partout. Aussi les animaux ne reçoivent-ils alors qu'une nourriture insuffisante, mal composée et d'une richesse irrégulière ; de là, chétivité, maigreur et maladie. Que les animaux, bétail et autres, aient toute la nourriture qu'ils peuvent absorber et nous obtiendrons alors ce triple résultat : accroissement de la fertilité du sol par la restitution des engrais, production de la viande à bon marché et commerce d'exploitation avec de gros bénéfices. Ce qu'il faut donc, c'est tendre à produire du fourrage dans la plus grande quantité et de la meilleure qualité possible.

Mais, je poserai d'abord en principe, pour n'y plus revenir, une de ces vérités tellement banales que personne ne les conteste, mais que personne aussi n'a songé, jusqu'à présent, à mettre en pratique dans la colonie. Quand on étudie cette vaste et fertile région du Haut-Sénégal, on s'aperçoit aisément que, si l'on n'y récolte pas toute l'année les riches produits et les fourrages que promet sa terre privilégiée, c'est à cause du peu d'abondance des eaux. Aussi, partout où se trouve une source, devrait-elle être mise à la disposition de l'agriculture. On devrait, au moyen de barrages, utiliser tous les cours d'eau et, à l'aide de canaux d'irrigation, les faire parvenir sur les terres, de manière à ce que pas une goutte d'eau ne pût se perdre.

Tout le monde admet ces principes ; et, cependant, rien n'a

encore été fait dans ce sens. C'est dans l'accroissement de la fertilité du sol, déjà si riche, et, surtout, dans les irrigations, que le Haut-Sénégal doit trouver les moyens de constituer sa fortune et d'arriver à l'épanouissement de toutes ses forces productives.

Fourrages indigènes. — Les fourrages du pays comprennent : la paille d'arachides, les tiges de mil, de maïs, de riz, des feuilles de patates, etc. Tous ces fourrages sont excellents pour la nourriture des animaux et l'engraissement du bétail. Je ne parle pas de la brousse, qui n'est pas un fourrage, et qui est même insuffisante pour remplacer la paille. Malheureusement, ces plantes fourragères n'existent qu'à une certaine époque de l'année, trois mois environ après les récoltes, de sorte que les animaux en sont privés pendant les 3/4 de l'année, ou à peu près, d'où une cause d'amaigrissement et de maladies.

La question des fourrages a une importance capitale, car on peut dire que, de sa solution, dépend l'avenir de la colonie ; en effet, pas de fourrages, pas de bétail; pas d'engrais, et, par suite, pas de production. Il est donc de toute nécessité d'arriver à avoir du fourrage en toute saison.

Le Haut-Niger offre d'excellents pâturages dans les vallées exposées aux inondations et où une humidité continuelle entretient les plantes fourragères en bon rapport.

Il faut donc, dans le Haut-Sénégal, ou créer des canaux d'irrigation afin d'obtenir des terrains propres à la culture des plantes fourragères pendant toute l'année, ou bien trouver un moyen de conservation qui permette de garder le fourrage pendant toute une année.

Ce dernier procédé est, je crois, le moins coûteux, et, par suite, celui qu'il faudrait employer, d'autant plus que l'application en est facile et n'occasionnerait aucune dépense.

Ensilage. — Ce procédé est l'*ensilage*, dont le but est de rendre la conservation des fourrages indépendante des intempéries des saisons : l'ensilage fait, lentement, progressivement, d'un fourrage vert un fourrage fermenté, résultat que l'on obtient en recouvrant le fourrage d'une couche de terre et en le mettant à l'abri du contact de l'air. On a, ainsi, conservé, en quelque sorte, l'humidité naturelle de l'herbe, ce qui est très favorable à la parfaite assimilation de cette herbe par les animaux.

L'ensilage est donc indispensable dans ce pays-ci.

Le *silos* est une fosse creusée dans le sol et dont l'étendue varie suivant l'abondance des récoltes à conserver. On ne dépasse pas, ordinairement, les dimensions suivantes : longueur, 7 mètres ; largeur, 3ᵐ en haut, 2ᵐ en bas ; profondeur, 2 mètres.

Quant au choix du terrain où l'on creusera le silos, en plaine, il faut, autant que possible, rechercher un sol perméable, afin de faciliter l'écoulement des eaux, en pente plus ou moins déclive ; on doit préférer les lieux les plus élevés et, si cela est nécessité par la nature trop argileuse du sous-sol, faire un drainage avec de fortes pierres, pour assurer l'assainissement de la fosse.

La meilleure terre pour creuser un silos est celle dont la superficie est argileuse et le sous-sol sableux, siliceux ou pierreux.

L'argile protège de l'infiltration supérieure, et le sol siliceux laisse s'écouler toute l'humidité. Du reste, on peut établir des silos sur tous les terrains, à condition d'en drainer rigoureusement les fonds, de manière à ce que l'eau ne puisse jamais y séjourner.

Il ne faut pas que les parois des fosses soient perpendiculaires, mais plus larges en haut qu'en bas, pour éviter qu'il se produise des vides par le tassement ; il faut, aussi, que les angles soient arrondis.

Il est toujours utile de recouvrir les silos d'une toiture mobile ou fixe. La meilleure couverture consiste en un plancher composé de voliges légères.

Fourrages à ensiler. — On peut ensiler tous les fourrages du pays, tiges de maïs, de mil, paille d'arachides. Seulement, il faut avoir soin de les couper et de les laisser se faner un peu sur place.

Maïs-fourrage. — Le fourrage qui peut le mieux se conserver par l'ensilage, est, sans contredit, le maïs-fourrage et la paille d'arachides. Ces plantes peuvent être ensilées dans toute leur longueur ; mais, haché, le maïs-fourrage se comporte bien mieux.

Quand on lui fait subir cette opération préalable, on peut le mélanger avec de menues pailles ou d'autres végétaux. En agissant ainsi, on accroîtrait la richesse alimentaire du fourrage.

Il est bien entendu que je parle ici du maïs dont on n'a pas encore récolté les grains, du maïs cultivé spécialement comme fourrage.

La végétation du maïs dans le Soudan est, ainsi que je l'ai dit plus haut, la réalité de la végétation des tropiques, et l'on se demande comment on est resté si longtemps sans utiliser, sur une grande échelle, une pareille profusion d'herbes géantes.

Le foin des prairies est loin d'équivaloir, comme quantité, à la masse des matières vertes fournies par le maïs. Le maïs, lui, croît et prospère avec les soins les plus ordinaires, et son ensilage le met à l'abri de toutes les intempéries.

Un hectare de maïs représente, en valeur nutritive, une superficie de plus de six hectares de tout autre fourrage ; il rend facilement ici 100.000 kgs d'herbe verte à l'hectare, et ce rendement peut aller à 150.000 kgs.

Les chiffres de production du maïs-fourrage en Italie suffisent pour dissiper tous les doutes qui pourraient s'élever à cet égard, avec cette particularité que ces rendements considérables sont obtenus sur des terres qui sont loin d'avoir la richesse native des sols Soudaniens.

Les frais de culture sont insignifiants, et le succès est certain. La culture du maïs-fourrage est la même que celle du maïs traité comme plante alimentaire. Semé plus épais que lorsqu'on veut en cueillir le grain, il s'élève, en 2 mois, à une hauteur de 2 mètres et présente une masse compacte du plus riche fourrage. Il est peu épuisant pour le sol, le grain n'arrivant pas à maturité, et sa puissance d'absorption de l'atmosphère étant très grande à cause de sa végétation vigoureuse et de ses larges feuilles ; en outre, il est semé sans engrais ; la force acquise que ces terres vont dépenser leur sera rendue par les fumiers que le maïs produira. Le Soudan occidental, depuis longtemps en butte aux sécheresses qui suivent la saison de l'hivernage, suit ces alternatives de saisons et se soumet à leurs capricieuses variations. Avec le maïs, l'agriculture pourra régulariser la production du fourrage et, par suite, la production du bétail. Le maïs-fourrage doit être coupé quand il est en fleurs ; il a alors une grande valeur nutritive, se conserve bien en silos et est très recherché par les ruminants.

Les tiges de maïs qui ont produit de la graine pourront, également, être conservées ; mais il faut bien les hacher et les mélanger, dans le silos, à d'autres plantes vertes, comme la paille d'arachides.

Plus le fourrage à ensiler est coupé fin, plus la conservation en est assurée.

Le fourrage vert peut être fauché et entassé pendant les pluies sans inconvénient. Il faut avoir soin d'ajouter au maïs ensilé, du sel dénaturé, soit comme principe conservateur, soit comme condiment très recherché par les animaux ; par ce moyen, on évitera que, de la fermentation alcoolique, le maïs passe à la fermentation putride ; 5 kgs de sel sont nécessaires pour 1000 kgs de maïs ; on commence par en répandre quelques grains au fond du silos ; puis, au cours de l'emplissage, on en jette sur les bords ; enfin, on sale fortement les couches supérieures ; la moisissure n'est pas à redouter dans le milieu du silos ; elle n'est à craindre que dans le haut de la masse et aux points de contact avec la terre ; c'est pour cela qu'il faut bien avoir soin de semer le sel sur les côtés et dans les angles plutôt que dans le milieu.

Dès que les plantes sont hachées, l'opération essentielle est de les bien fouler dans le silos. Le silos rempli, on continue l'entassement du fourrage jusqu'à 1ᵐ ou 1ᵐ50 au-dessus de ce niveau, en donnant, autant que possible, à l'excédant entassé la forme d'un prisme.

Le fourrage une fois ensilé et disposé en forme de toit, on pressera fortement et on couvrira de terre fine et meuble. La couverture en terre doit être épaisse de 0ᵐ75 à 1 m., afin d'empêcher le contact de l'air extérieur et de chasser, par le poids, l'air qui serait resté dans le silos. La terre qui recouvre le fourrage ne doit, c'est l'important, présenter aucune fissure ; toutes les crevasses doivent être soigneusement bouchées au fur et à mesure qu'elles se produisent.

Sur le sommet du silos il faut placer un grand poids et ne l'ôter qu'au moment où l'on consommera le fourrage ensilé ; plus fort sera le poids, meilleur sera le résultat obtenu.

Il comprimera le fourrage ensilé, en chassera l'air, et le mettra à l'abri des intempéries. Enfin, une des conditions du succès est d'opérer rapidement, de remplir hâtivement le silos, et, celui-ci rempli, de le couvrir immédiatement.

On extrait le maïs du silos la veille du jour où il doit être consommé, de façon à ce qu'il ait devant lui quelques heures pour subir la fermentation alcoolique ; il est, alors avidement recherché par les animaux.

Les maïs peuvent être retirés du silos en grandes quantités à la fois ; ils se conservent dans le meilleur état pendant les huit jours qui suivent leur extraction ; on les met en tas et ils ne subissent alors aucune altération. La nourriture fermentée, la meilleure pour le bétail, peut être conservée dans les silos pendant plusieurs années consécutives, sans perdre sa qualité et sans qu'il soit à craindre que sa consommation occasionne de maladies.

Paille d'arachides. — La paille d'arachides peut, aussi, se conserver en silos ; c'est un excellent fourrage, très bon pour l'alimentation des animaux et qui contribue à l'engraissement du bétail.

Voilà donc le moyen d'utiliser les fourrages indigènes et de les faire servir à la nourriture des animaux. Du moment que l'on admet que cette nourriture doit être abondante, il faut chercher à augmenter la masse des fourrages produits dans chaque village, dans chaque région, et, pour atteindre ce résultat, rien ne sera plus efficace que de ne laisser perdre aucune de ces plantes adventices qui croissent dans les champs, et qui, mélangées à du maïs ou à du mil, peuvent être conservées dans des silos. Que d'hectares propres à constituer, à peu de frais, des herbages, se couvrent spontanément d'herbes ! Il faut, enfin, rechercher les plantes qui doivent donner le plus de fourrage à ensiler et se livrer à leur culture.

Or, le nombre de ces plantes est grand ; car, outre celles qui prennent naturellement dans le pays, il en est encore d'autres que l'on pourrait importer avec succès.

FOURRAGES A IMPORTER.

La grande conoude du Caucase. — La grande conoude du Caucase donne, par hectare, plus de 300.000 kgs de nourriture verte ; elle aime une terre riche et profonde, mais elle réussit très bien sur les sols argileux, marécageux ; elle est hâtive et affronte la sécheresse. Elle se multiplie par surgeons, que l'on plante à un mètre en tous sens ; son fourrage est très recherché par les ruminants.

Le figuier de Barbarie. — Il croit rapidement partout, mais il est rejeté par les ruminants à cause des piquants qui le défendent et aussi à cause de la consistance coriace de son épiderme. En enlevant ces épines, les bestiaux mangent les feuilles sans répugnance. Cette plante serait très utile quand toute végétation herbacée a été brûlée par le soleil.

N'y a-t-il pas là une grande ressource pour l'alimentation du bétail du Haut-Sénégal ? Ne peut-on planter le cactus sur les parties vagues et laissées sans culture ? Il végétera et se défendra seul contre les animaux. Au moment de son plus grand développement, le figuier est coupé, haché, ensilé. La fermentation finira d'avoir raison des épines qui, du reste, seront émoussées par le hachage.

Le trèfle incarnat, le sainfoin, etc., etc. — Ces plantes se rencontrent assez souvent, ici, à l'état sauvage. Tous ces fourrages peuvent être ensilés.

L'herbe de Guinée. — Ce fourrage pousse très vite et se répand à profusion. Il vient très bien dans le Bas-Sénégal ; par conséquent, on peut compter que sa culture donnerait des résultats favorables.

On aurait ainsi un fourrage précieux pour les chevaux et mulets et on garderait les fourrages ensilés pour l'engraissement du bétail.

Le Téosinte. — Plante originaire du Guatemala et importée avec succès en Asie.

RÉSUMÉ. L'ensilage met à la disposition du cultivateur, pour l'époque où le soleil dévore les herbes, un supplément d'alimentation fraiche et riche en principes alibiles.

Il permet de prolonger la durée des qualités nutritives des végétaux, de façon à les réserver, avec toute leur valeur, pour le moment des disettes. En conséquence, dans le Soudan, où la saison chaude est si longue, il est d'une nécessité absolue de faire d'abondantes provisions de bons fourrages.

Le seul moyen est donc de cultiver, pendant la saison des pluies, la quantité de fourrage nécessaire à l'alimentation pendant une année, et de la conserver par l'ensilage. C'est le remède le plus certain à opposer aux sécheresses de la saison chaude. Il n'y a absolument que ce procédé pratique et peu coûteux pour atteindre notre but.

La cause de tant de maladies sur les ânes, mulets, bœufs, se trouve certainement dans une nourriture de beaucoup insuffisante, due au manque absolu de fourrage pendant les 3/4 de l'année. Du jour où il y aura assez de fourrage, nous verrons le nombre des maladies et la mortalité diminuer. En effet, jusqu'à ce jour, sur 100 décès parmi les ânes et les mulets, 80 ont été causés par l'anémie et l'épuisement, résultat d'une nourriture insuffisante et d'un travail continu, sans repos, pour ainsi dire.

Le fourrage est absolument nécessaire à l'animal ; c'est une partie intégrante de son alimentation. Le grain seul ne peut entretenir un animal de travail. Au bout d'un certain temps, la maigreur survient, puis le marasme et la mort.

En conséquence il faut, et le plus tôt possible, prendre des mesures pour être à même de distribuer du fourrage à tous les animaux de travail, faute de quoi nous aurons toujours une mortalité considérable, surtout sur les ânes.

Ces mesures consistent : 1° dans l'augmentation des cultures fourragères ; 2° dans l'ensilage de ces mêmes plantes.

Canne a sucre. — La canne à sucre pourrait être importée avec succès, je pense, dans le Soudan occidental ; du reste, dans certaines régions de l'Afrique, elle vient à l'état sauvage.

La canne à sucre aime l'humidité pendant les chaleurs ; or, il sera très facile de ne la cultiver que dans les endroits frais et humides, dans le Gangaran et le Manding, par exemple, où coulent des cours d'eau ne tarissant jamais.

La température moyenne de 27° est à peu près la même que celle de plusieurs pays où se cultive la canne à sucre. En outre, la nature et la composition du sol ne peuvent être que favorables à cette culture.

Cependant, une objection importante à faire au point de vue de son avenir, c'est que, si elle est faite d'une façon continue, elle épuise le sol, qui, au bout d'un certain temps, devient improductif.

En outre, la création d'une plantation de cannes à sucre exige des débours considérables, à cause du personnel nombreux réclamé, d'abord, pour l'installation du terrain, le défrichement, les canaux d'irrigation, puis la construction des bâtiments de la sucrerie.

Avant de se lancer dans une telle entreprise, il s'agira de savoir si le prix de vente du produit obtenu compensera les sacrifices faits, en un mot, si cette culture est susceptible de rapporter des bénéfices.

Chapitre II. [1]

ARBRES OU ARBUSTES.

ARTICLE I. — Arbres ou arbustes servant à la nourriture de l'homme.

Goyavier. — Le goyavier, de la famille des myrthacées, a été importé du Bas-Sénégal à Médine, d'abord, puis s'est répandu dans tous les postes du Haut-Sénégal.

C'est un arbre relativement précieux en ce qu'il fournit un fruit qui est très recherché par les Européens et dont on fait d'excellentes confitures ou gelées.

Thé de Gambie. — Le thé de Gambie vient à l'état sauvage

---

[1] Cette question, n'étant pas comprise dans ma mission, est traitée d'une façon sommaire. J'ai, cependant, tenu à en parler, afin que l'on puisse avoir une idée exacte de toutes les ressources agricoles qu'offrent le Haut-Sénégal et le Haut-Niger, sous ce rapport.

dans certaines plaines légèrement élevées. Les feuilles sont lancéolées et oblongues, légèrement velues à leur partie inférieure. On le fait préalablement sécher, pour en faire des infusions. Il ressemble assez, comme goût, au thé de Chine ; l'amertume est plus prononcée.

Il peut donc, à un moment donné, remplacer le thé asiatique.

Citronnier. — Le citronnier existe, à l'état sauvage, dans certaines contrées, à Dio, entre autres ; en outre, il est cultivé.

Les citronniers de Médine fournissent des citrons petits, il est vrai, mais délicieux. On peut en encourager la culture, attendu que ce fruit est un excellent médicament et fournit une bonne boisson pour ces régions chaudes.

L'oranger n'existe pas dans le Haut-Sénégal ; on ne le trouve que dans le Haut-Niger, où il vit à l'état sauvage sur les bords du fleuve. Il y en a de plusieurs variétés : fruits à peau épaisse, à peau fine ; dans tous les cas, les oranges sont belles et délicieuses.

Il serait utile de l'importer dans le Gangaran et les régions humides.

Papayer. — Le papayer est, pour ainsi dire, le seul arbuste fruitier cultivé dans les jardins indigènes. Cet arbuste demande beaucoup de soins et d'humidité, quand il est jeune.

Le fruit est délicat et très goûté des Européens.

Il se trouve, actuellement, dans les jardins de tous les forts ; il produit au bout d'un an. Les indigènes vendent ce fruit assez cher ; environ 0 fr. 50 pièce.

ARTICLE II. — Arbres ou arbustes pouvant être cultivés.

Arbre à colas. — L'arbre à colas n'existe pas dans le Haut-Sénégal ; il pousse dans le Fouta Diallon, les rivières du Sud et la colonie anglaise de Sierra Leone. Tous les indigènes en sont excessivement friands ; aussi les colas entrent-ils pour une grande part dans les échanges qui ont lieu.

Toutes les caravanes qui vont de Bakel au Niger reviennent avec des paniers de colas ; ces caravanes descendent, en général, dans le Sierra Leone pour y faire leurs achats, qui ne comprennent presque que des colas, des armes et des tissus.

Le colas est, à peu près, pour l'indigène, ce que le vin est pour le blanc ; c'est-à-dire que l'indigène peut très bien s'en passer, s'il est pauvre, et que, s'il a quelques cauris (1) sur lui,

_____
(1) Monnaie courante dans les pays Bambaras et Mandings.

ce sera la première chose qu'il achètera. Il serait donc pratique, au point de vue de l'économie politique, de favoriser et d'encourager la culture de cet arbre, de façon à pouvoir détourner les caravanes de la colonie anglaise de Sierra Leone.

La noix du colas, qui donne lieu à de si importantes transactions commerciales dans tout le Soudan, est le fruit du « Sterculia acunnisata », arbre de la hauteur et de l'aspect d'un prunier et qui ne croît que sur les montagnes de Kong et de Sierra Leone et dans le Fouta Diallon.

Les feuilles, alternées, oblongues, terminées par une pointe aiguë, sont suspendues à un long pétiole ; son fruit, de la grosseur d'une noix ordinaire, est recouvert d'une première enveloppe couleur de rouille sous laquelle se trouve une pulpe rose qui a la consistance de la châtaigne. Elle paraît, d'abord, amère au goût, mais elle laisse ensuite une saveur très douce dans la bouche.

On l'emploie comme fébrifuge et comme tonique amer.

Valeur commerciale. — Sa valeur commerciale est relativement élevée ; à Bafoulabé, le prix de 100 kgs est de 25 fr. ; il est moins cher à Bammako S/Niger, ce point étant plus rapproché du centre de production ; là, le prix varie entre 15 et 18 fr. les 100 kgs.

Caféier. — Le caféier est originaire de l'intérieur de l'Afrique, où, suivant le rapport unanime des nègres, on le cultive dans les montagnes qui s'étendent du détroit de Bab-el-Mandeb aux sources de la Gambie, du Sénégal et du Niger.

Le caféier est cultivé dans le Fouta Diallon et les rivières du Sud, d'où il est expédié sous le nom de café du Rio Nuñez. On pourrait donc le cultiver avec succès dans les régions montagneuses du Gangaran et du Haut-Niger, où les conditions climatériques et topographiques sont favorables à cette culture. On aurait encore là un beau produit d'exportation qui donnerait un bénéfice élevé, le débouché étant sûr.

Vigne du Soudan. — La feuille est entièrement semblable à celle des vignes américaines.

La vigne du Soudan existe en très grande quantité dans le Haut-Sénégal et sur le Niger. Le grain est arrondi, gros comme un pois ; il contient un noyau assez volumineux, entouré d'une pulpe peu épaisse.

Quand on mange ces grains, on sent bien le goût du raisin ; seulement, la quantité de pulpe est trop minime par rapport au grain. Il faudrait essayer de la cultiver, afin de voir si, par des soins bien compris, on n'arriverait pas à augmenter cette pulpe au détriment du noyau. C'est un essai à faire.

Je l'avais fait à Bammako pendant l'hivernage 1883, en transplantant des pieds de vigne dans le jardin du fort ; mais je n'ai pu obtenir de résultats, les insectes m'ayant détruit tous les plants. L'expérience est donc à refaire.

En outre, on pourrait essayer de cultiver la vigne muscat. Cette espèce, qui aime la chaleur, pousse très bien dans les pays tropicaux. Je crois que c'est la seule variété qui puisse donner ici un résultat satisfaisant.

Cocotier. — Le cocotier viendrait très bien aussi ; il pousse à merveille à St-Louis ; on peut donc tenter son importation. Cet arbre est précieux, car, aujourd'hui, on fait un commerce très important de cocos, dont on extrait la farine, qui est utilisée en Europe.

Chapitre III.

CULTURES INDUSTRIELLES.

« C'est une opinion adoptée par tous les cultivateurs, et justifiée,
» d'ailleurs, par la pratique, que les cultures dites industrielles
» épuisent considérablement le sol ; aussi, ne sont-elles adop-
» tées que là où les terres sont naturellement douées d'une ferti-
» lité exceptionnelle. »

Ces cultures, avec la fertilité naturelle du sol, doivent être pour nous l'objet d'une attention toute particulière. Mais elles ne sont susceptibles de donner au cultivateur le maximum de bénéfice qu'autant que celui-ci trouvera, sur les lieux, un placement facile de ces sortes de produits. La colonie est donc intéressée à faciliter ce placement ; aussi, y aurait-il utilité et profit à établir ici diverses industries.

Celles-ci, acquérant sur place, c'est-à-dire à de bons prix, la matière première, et étant assurées, en même temps, de débouchés réguliers, donneront des résultats tout aussi avantageux. Elles auront à leur côté, comme voie de transport, un fleuve immense qui les mettra en communication avec la mer.

Parmi les industries qu'il y aurait intérêt à établir dans cette colonie, nous citerons : les moulins à farine et ceux à huile, la préparation méthodique du tabac en feuilles telle qu'elle se pratique dans les grands pays producteurs, la fabrication de l'alcool et celle du sucre. Nous ajouterons encore l'établissement de tanneries, le tan existant en grande abondance et son prix de revient étant relativement minime ; et la préparation des textiles, tels que le coton, la soie végétale et animale, etc.

Quant à l'établissement de ces industries, il faut espérer que la mère-patrie n'aura pas de grands efforts à faire pour aider à les fixer. S'il y a des chances sérieuses de réussir, bien des personnes ayant les aptitudes voulues viendront, d'elles-mêmes, demander à les exploiter pour leur compte. Une seule considération peut les arrêter : l'insalubrité du climat.

Or, le climat c'est pas si insalubre qu'on le prétend, à la condition toutefois que l'Européen qui a l'intention de séjourner quelque temps dans le pays, soit, à son arrivée, dans l'âge mûr et dans un parfait état de santé. Jusqu'ici, c'est sur des jeunes gens ou des individus déjà atteints de maladies constitutionnelles que le climat a manifesté ses funestes effets.

Mais l'Algérie n'avait-elle pas des régions aussi insalubres que celles-ci, au moment où nous en avons fait la conquête ? Et pourtant, aujourd'hui, ces régions sont devenues très salubres. A quoi doit-on attribuer ce changement, si ce n'est à l'extension de l'agriculture ?

En conséquence, il ne faut pas, comme on dit vulgairement, jeter le manche après la cognée et dire, comme l'ont dit quelques personnes : « Oh ! le Haut-Sénégal, on n'y vit pas ! donc, le sol » est stérile, il faut l'abandonner. »

L'Algérie est là pour nous donner la preuve du contraire. C'est par l'agriculture que nous assainirons le pays et c'est elle qui sera la principale richesse de la colonie, si nous avons de la patience et de la persévérance.

Tabac. — La culture du tabac vient en première ligne parmi celles qui sont appelées à donner les résultats les plus brillants. Cette plante aime une terre légère, douce, sablo-argileuse ; elle donne ses meilleurs produits dans les terrains chargés d'humus. Comme toutes les récoltes herbacées, c'est dans les climats chauds et humides qu'elle prospère le mieux. Le Haut-Niger réunit toutes ces conditions.

Malheureusement, les indigènes ne savent pas le préparer ; aussi, dans toutes ces contrées, est-il loin, faute de soins et, aussi, faute de capitaux nécessaires, de donner les excellentes qualités que l'on pourrait en attendre.

Les pieds sont séparés les uns des autres par des intervalles de 0ᵐ50 environ, après le repiquage ; ils sont sarclés environ tous les deux jours. Leur végétation est remarquablement belle, et leurs feuilles prennent d'assez grandes dimensions. On pourrait donc obtenir dans le Soudan, sous le rapport de la qualité, d'excellents résultats, surtout en ayant soin de n'employer que les semences provenant de la Havane. Seulement, l'indigène n'a ni les moyens ni les connaissances nécessaires pour donner au tabac, après la récolte, les qualités qui font sa grande valeur marchande.

Préparation indigène du tabac. — Pour le tabac à priser, les indigènes prennent le pied de tabac en entier, enlèvent la tige, et mettent le reste dans un mortier. Quand le tabac est réduit en poudre, ils y ajoutent un peu d'eau et le mettent ensuite au soleil. Puis, lorsque cette poudre est sèche, de nouveau ils le mélangent avec un peu de cendre (1/20) et autant de crème. Cette préparation a pour but d'adoucir la force du tabac. Cette méthode, si rudimentaire, prouve combien leur ignorance est grande.

Le tabac du pays coûte 2 fr. 50 le moule, soit : 1 fr. 05 le kg.

Pour le tabac à fumer, ils le préparent tout simplement en carottes, les trempent dans l'eau et les font sécher au soleil.

En général, ce sont les femmes qui fument la pipe et les hommes qui prisent.

Le tabac français, en feuilles, est très couru par les indigènes ; aussi est-ce un objet d'importation assez sérieux, en attendant que nous leur fassions cultiver du tabac de bonne qualité et que nous leur apprenions les méthodes de préparation actuelles.

Rendement — Pour un hectare, les frais de culture se répartissent à peu près ainsi :

Préparation de la terre	45 fr. 00
Semis.	30 fr. 00
Plantations (60 jours à 1fr.) . . .	60 fr. 00
Soins à donner	200 fr. 00
Cueillette	70 fr. 00
Frais divers	80 fr. 00
	soit : 485 fr. 00

Or, dans un hectare, les produits s'élèvent à 2000 kgs, environ. En admettant que l'indigène ne vende son tabac que 100 fr. les 100 kgs, il y aura un bénéfice net de 2000 — 485, soit : 1515 fr. par hectare.

Il y aurait donc grand avantage à avoir, dans la colonie, un atelier spécial de préparation des tabacs. Quand on fera choix de bonnes semences, et qu'on préparera convenablement le tabac en feuilles, on obtiendra des qualités supérieures qui atteindront sur les marchés des prix élevés et donneront à l'indigène des bénéfices plus considérables que ceux que nous venons d'indiquer.

Indigotier. — Il existe dans tout le Soudan plusieurs variétés d'Indigo et une assez grande quantité d'autres plantes tinctoriales qui mériteraient une étude particulière ; mais, n'ayant pas à en parler ici, et, au reste, n'étant pas compétent sur ce sujet, je ne ferai que les signaler.

Ricin. — Le ricin le plus répandu appartient à l'espèce blanche, petite, à fruits épineux. Il vit à l'état sauvage, fleurit et mûrit toute l'année. La récolte dure donc plusieurs mois et n'exige d'autres dépenses que de ramasser la graine, ce qui peut être fait par les enfants.

La graine de ricin, est très oléifère ; elle renferme 60 o/o d'huile. Nous ignorons si une fabrique spéciale d'huile de ricin donnerait des bénéfices ; mais une fabrique installée pour le traitement de l'arachide aurait évidemment avantage à traiter, en plus, la graine de ricin qu'elle obtiendrait à un prix presque nul, pour en vendre l'huile dans de bonnes conditions.

Bambous. — Il y a un grand nombre d'espèces de bambous au bord des marigots. On en rencontre surtout dans le Bafing le Gangaran, le Fouladougou et le Manding. Il y en a de creux, de pleins, de gros, de petits ; le plus petit de tous est aussi le meilleur, car il fournit un exellent fourrage. Tous servent à faire des lattes, des cribles, des paniers, des cages, des nattes et des clôtures, enfin, des vergues et mâts de pirogues.

Cotonnier. — Le cotonnier croît, dans ces contrées, à l'état sauvage. De tout temps, et dès avant notre intervention, les indigènes le cultivaient et s'en tissaient des vêtements, mais sa culture ne s'est encore que fort peu développée. Il sera possible de faire du coton un objet d'importation à la condition, toutefois, que la main d'œuvre ne soit pas payée un trop haut prix. Les indigènes dont la famille serait nombreuse et dont les femmes auraient une certaine aptitude aux soins particuliers que demande ce genre d'exploitation, pourraient s'y livrer avec de grandes chances de succès.

Le coton du pays est un coton courte-soie de qualité supérieure. Les indigènes cueillent le cocon quand il est complètement ouvert, l'étendent sur des nattes, au soleil, pour qu'il devienne bien blanc ; puis, les femmes le dégagent de sa graine et l'exposent, de nouveau, au soleil, dans des calebasses. Pour que la culture du coton fût rémunératrice, il faudrait importer une machine à décortiquer, afin de séparer, le plus rapidement possible, les graines du cocon ; la main d'œuvre reviendrait, ainsi, de beaucoup moins cher, car les indigènes perdent un temps considérable à opérer cette séparation.

La femme fabrique le fil de coton suivant les procédés en usage dans les campagnes d'Europe ; les hommes fabriquent la toile de coton avec des métiers analogues à ceux dont on se servait en France avant l'invention de nos nouvelles machines. Mais ces métiers ne leur permettent d'obtenir que des tissus à petite largeur de 0^m05 à 0^m10. Ces bandes sont cousues l'une contre l'autre pour la confection. Les vêtements fabriqués ainsi sont d'une solidité remarquable. Le cotonnade du Ségou est particulièrement renommée : on en fait des couvertures, des pagnes, des boubous, ornés de dessins obtenus par le tissage même.

Rendement. — Les frais de culture d'un hectare peuvent s'évaluer à 500 fr. environ, y compris la récolte. Le rendement brut s'élevant à 800 fr., le bénéfice net est d'à peu près 300 fr. par hectare, à la condition que la cueillette, qui est la partie délicate de cette culture, soit faite par des femmes qui y apportent la plus grande attention.

Huile de coton. — La nature du cotonnier peut aussi donner lieu, à côté de la préparation de ce textile, à l'extraction de l'huile renfermée dans ses graines. Cette huile, dont la fabrication prend chaque jour plus d'importance, est fort employée dans l'alimentation et dans l'industrie.

Arbre à beurre. — L'arbre à beurre, appelé *Karité* dans le pays, est très commun dans la vallée du Niger et dans celles du Bakhoy, du Baoulé et du Bafing.

C'est un bel arbre, à feuilles oblongues et frisées ; son fruit est de la grosseur d'une petite noix, enveloppé d'une coque assez mince, comme la châtaigne, recouverte d'une chair exellente au goût. La noix, semblable à un marron, présente une chair blanche, compacte, servant à la fabrication du beurre végétal. La récolte commence à la fin de mai et finit en septembre.

Les femmes, les enfants, vont alors dans les forêts, surtout après les orages, et rapportent au village de grandes calebasses remplies des fruits que le vent a fait tomber. On les verse dans de grands trous creusés ça et là dans les villages indigènes au milieu même des rues et des places. Dans ces trous, les fruits, qu'on y laisse généralement plusieurs mois, perdent leur chair, qui pourrit ; quelquefois même, on les y laisse pendant tout l'hivernage. Les noix sont ensuite versées dans des sortes de chaudières en argile, construites dans les cases et ayant un foyer en dessous, afin de les faire sécher, et même, griller légèrement. Dans cette sorte de cuisson, les enveloppes sont cassées. On extrait, alors, l'amande intérieure, que l'on écrase de manière à former une pâte bien homogène. Puis, après l'avoir battue bien vivement, on la tasse et on l'enveloppe dans des feuilles d'arbre pour la conserver ; on obtient ainsi des pains de *Karité* que les femmes vont vendre au marché.

Le beurre de *Karité* est d'un usage constant parmi les populations du Soudan occidental, pour la cuisine, la fabrication du savon et l'éclairage.

Valeur commerciale. — Bien purifié, il remplace assez bien la graisse pour la cuisine des Européens. Le *Karité* se vend en pains d'un kilo environ, de 2 ou 3 kgs. Les pains d'un kilo se vendent à peu près 2 francs, prix dont l'élévation relative tient au mode de fabrication si rudimentaire qu'emploient les indigènes.

Il existe, en outre, une grande quantité d'arbres de toute espèce pouvant servir à l'industrie et dont je n'ai pas à parler ici.

Chapitre IV.

DE L'HORTICULTURE.

Horticulture indigène. — L'horticulture comme, du reste, l'agriculture, est plus développée dans le Haut-Niger que dans le Haut-Sénégal.

Les indigènes cultivent dans leurs jardins des oignons, des piments, des tomates, des haricots et des patates.

Les oignons sont petits et ont moins de goût que ceux de France ; ils sont moins sucrés. Les piments sont petits et très forts. Quant aux tomates, elles ont un excellent goût et sont très recherchées par les Européens. Elles appartiennent à l'espèce dite tomate cerise.

Là se borne l'horticulture indigène.

Légumes à cultiver avec succès. — En principe, tous les légumes d'Europe prospèrent. Nous citerons les haricots, les pois, les fèves, les choux, les salades, les navets, les raves, carottes, betteraves, cresson, en exceptant les pommes de terre, dont les produits dégénèrent rapidement.

Les cucurbitacées, telles que les melons, les concombres, y prennent des dimensions très grandes et sont d'un goût exquis.

Chaque cercle possède actuellement un jardin.

J'ai fondé celui de Bammako pendant le premier hivernage de notre occupation (1883) et j'ai obtenu tous les légumes. Dans le courant d'octobre 1883, j'ai réuni le chef de Bammako avec les principaux commerçants du pays et je leur ai montré de quelle façon on semait et on cultivait les melons et les concombres ; après la semence, je leur ai distribué à tous une certaine quantité de graines dont je pouvais disposer, en les priant de les semer dans leurs jardins. Trois mois environ après, le chef de Bammako vint m'offrir un melon splendide qui était le premier de sa récolte.

Le résultat était donc atteint.

Je regrette de n'avoir pu disposer de graines d'autres légumes, car je suis certain que j'aurais obtenu d'aussi heureux résultats et qu'actuellement on trouverait sur le marché de Bammako tous les légumes de France. On devrait faire de même dans tous les postes. Les légumes peuvent être cultivés pendant neuf mois de l'année ; les trois autres mois seraient employés au labour et à la fumure des terres.

C'est très précieux de pouvoir donner des légumes frais aux Européens ; aussi, ne devrait-on pas regarder à de menues dépenses pour l'achat des graines et l'entretien des jardins.

Une observation que j'ai pu faire depuis trois ans que je suis dans la colonie, c'est qu'il faut renouveler les semences tous les ans et n'employer que des semences venant de France directement, sans quoi les légumes dégénèreraient à cause de l'excès de végétation.

Il faut donc envoyer, tous les ans, après la récolte en France, environ 10 kilogrammes de graines par cercle, en envoyer, en outre, une certaine quantité pour être distribuée aux chefs de villages.

Avec ce système, on serait sûr de ne jamais manquer de légumes et il serait inutile d'envoyer ici des légumes secs dont l'achat et le transport occasionnent des dépenses considérables et qui, malheureusement, rendent peu de services, attendu que la plupart sont avariés à leur arrivée.

Fruits. — Comme fruits, on peut avoir des oranges, des citrons, des papayes, des bananes. A Kita, on a créé une bana-
nerie qui est, actuellement, en plein rapport ; le régime est petit
et sucré. A Bafoulabé, on vient d'en créer une depuis un an
environ, et les bananiers on déjà des régimes. Avec les tiges
sèches de ces bananiers, on peut faire du carton et du papier
grossier.

On pourrait essayer, avec succès probablement, la culture
des ananas. L'ananas vient très bien dans les rivières du Sud ;
cette plante aime les expositions chaudes et pousse en toute
sorte de terres. Je pense, en conséquence, qu'elle viendrait très
bien dans cette région, où elle trouverait la même température
et le même terrain.

Chapitre V.

DE L'AGRICULTURE AU POINT
DE VUE COMMERCIAL.

L'agriculture, dans le Soudan occidental, n'est pas très
avancée, parce qu'elle a manqué de guides. On peut, presque, la
comparer à un paralytique imaginaire qui ne saurait faire un
mouvement parce qu'il est convaincu qu'il n'y parviendrait pas.
Qu'elle secoue sa timidité, elle marchera, elle prospérera ; son
mal est dans le manque absolu de sécurité du pays et dans la
paresse de l'indigène. Que ces causes disparaissent, que la tran-
quillité renaisse, que la paresse fasse place au travail, l'agriculture, aidée par le sol et par le climat, donnera à tous l'exemple d'un rapide progrès.

L'indigène n'ose rien changer à ses habitudes, et son esprit,
fermé à l'idée nouvelle, reste stationnaire. A cette heure, il lutte
contre des obstacles qui ne sont pas difficiles à vaincre : terrains
à défricher, pas d'instruments ou des instruments défectueux,
pas de voies de communication, ignorance absolue des lois qui
régissent l'agriculture, et, par suite, incertitude dans toutes les
entreprises. Avec plus de fermeté et d'intelligence, l'agriculture
accentuera sa marche et arrivera à un meilleur équilibre des
forces qui, par leur fusion, constituent la grandeur d'une colonie.

On cultive, pour ainsi dire, mécaniquement et dans l'ignorance absolue des lois qui régissent la vie du végétal que l'on confie au sol. On ne tient compte de rien, ni de la nature du terrain que l'on prépare pour la culture, ni des engrais qu'il réclame quelquefois et qu'on lui refuse, ni du bétail, ni des moyens d'assurer son existence; pas de fumiers, on les brûle; les céréales sont envahies par des plantes parasites qui leur disputent la terre ; pas une prairie.

L'agriculture, ici, est loin d'être soumise partout à des conditions uniformes ; pour être rémunératrice, elle doit être appropriée au sol, au climat, au milieu économique ; en un mot, elle doit être intelligente. Il est faux qu'elle ne soit qu'une œuvre de métier qu'on peut abandonner au premier venu ; elle constitue une véritable science où l'intelligence est, plus qu'ailleurs, conviée à déployer toute son énergie, toutes ses magnificences.

Le Haut-Niger serait la contrée la plus riche et la plus prospère du Soudan, si l'indigène usait des forces et de l'intelligence qu'il possède.

L'agriculture, illimitée dans son avenir, doit avoir une marche sans cesse progressive. Dans une colonie où la population est formée de tant d'éléments divers, où l'expérience n'a pas encore eu le temps de s'implanter, on devrait généraliser les saines notions d'économie rurale, présenter l'agriculture comme la base essentielle de la colonisation et le fondement de toute économie politique dans le Soudan occidental.

La loi de l'offre et de la demande doit régir l'agriculture du Soudan, qui doit, avant tout, viser au débouché assuré. Or, avec le riz qui vient d'Asie, les arachides, le coton, le tabac, le bétail, dont nous avons besoin constamment en Europe, craint-on de ne pouvoir se défaire avantageusement de ces nombreux produits que l'on cultivera ici avec soin ? Le prix de ces denrées n'augmente-t-il pas de jour en jour et nos lois économiques, comme nos habitudes de confortable, n'assurent-elles pas l'accroissement progressif de ces prix ? En riz, la France, à elle seule, en reçoit d'Asie plus de 160 millions de kgs. Quant aux arachides, elle en reçoit 70 millions, environ, du Sénégal et d'Asie. Jusqu'à présent, le Sénégal n'a pu lui en fournir assez pour sa consommation.

La colonie n'a-t-elle pas intérêt à venir en aide à l'affranchissement du tribut que la France paie à l'étranger pour son alimentation, et ne doit-elle pas tendre à substituer ses exportations aux exportations étrangères pour la consommation même de l'Europe ? Le Sénégal a, en outre, l'avantage d'être relativement peu éloigné de l'Europe ; par suite, les moyens de transport sont moins coûteux et le prix de revient est moins élevé.

En résumé, nous avons, actuellement, dans le riz et les arachides, deux produits agricoles qui peuvent fournir des bénéfices certains et qui promettent à la colonie un avenir commercial prospère, le débouché de ces produits étant assuré. Le coton ne sera peut-être pas l'objet de transactions très importantes, à cause du prix de revient qui est assez élevé ; dans tous les cas, ce produit aurait toujours un placement certain dans la colonie et les pays environnants, si son prix de revient ne permettait pas de l'exporter.

Le tabac est le produit qui donnera le plus de bénéfices, si l'on veut se servir de semences de la Havane et installer dans la colonie un atelier de préparation méthodique.

Quant à la canne à sucre, sa culture exige de trop grandes dépenses et un personnel trop nombreux pour que l'on songe à en retirer des bénéfices immédiats.

Telle est la situation dans le Soudan. Jusqu'ici nous n'avons rien fait pour donner de l'extension à l'agriculture; nous ne nous sommes occupés que de notre conquête et de notre installation ; et pourtant, les cultures ont augmenté dans de notables proportions, des 2/3 environ, depuis 2 ans.

Que sera-ce le jour où nous encouragerons les agriculteurs et où nous importerons nos machines agricoles ? Ce seront là de nouvelles dépenses pour nous ; mais il faut savoir être patients et persévérants, car la colonie nous paiera plus vite de nos peines si nous exportons ses produits et si nous savons nous servir de toutes les ressources qu'elle nous offre.

Certes, les difficultés seront encore grandes, mais elles sont loin de pouvoir entrer en ligne de compte avec l'importance du résultat à atteindre, avec la nécessité, surtout, de ne pas nous laisser devancer par toutes les autres nations dans le partage du centre Africain.

LIVRE II.

Chapitre Ier. — ZOOTECHNIE.

RACES BOVINES.

Les différentes races bovines du Soudan occidental sont :

1° la race maure, ou mieux, race Peuhl ;
2° la race Bambara ;
3° la race Mandingue ;
4° la race Khassonké.

Race PEUHL. — Le type de cette race est le bœuf à bosse ou zébu. Ce sont les Peuhls ou Fellahs qui ont importé cette race dans le pays. Le centre de sa production est dans le bassin inférieur du Haut-Niger, dans le Macina et les environs de Tombouctou. Elle s'est propagée chez les Maures, qui préfèrent l'élever parce que c'est une race de travail. A défaut de chameaux, ils se servent de ces bœufs pour porter leurs fardeaux, d'où la dénomination de bœufs porteurs donnée à la race.

Caractères. — Le zébu est, ordinairement, de grande taille ; le corps est trapu, couvert de poils ras, fins, jaunes, blancs ou gris ; la tête est courte, le chanfrein brusqué ; les oreilles sont grandes, les cornes fines, contournées, un peu aplaties ; le fanon ample, ondulé, s'étendant très en arrière et se prolongeant jusqu'au menton ; (le garrot est le siège d'une tumeur qui a fait donner à la race le nom de bœuf à bosse ;) les jambes sont grêles, les articulations nettes ; la queue est longue, les yeux sont petits et paraissent enfoncés à cause du pli des paupières.

Qualité et Commerce. — Cette race est une véritable race de travail propre à porter les fardeaux où à traîner les voitures. Il faut environ huit jours pour habituer ces animaux à tirer au joug, seul tirage pratique dans ces régions ; l'expérience à été faite cette année à Bafoulabé. Ces animaux constituent donc une grande ressource pour l'agriculture.

La viande du zébu est de bonne qualité, à la condition que l'animal ne soit pas usé.

Les vaches sont mauvaises laitières, parce que les indigènes ne prennent pas soin d'activer la sécrétion lactée.

Cette race, produite dans le Macina et sur les confins du Sahara, est, en grande partie, utilisée dans le pays même. Les Peuhls s'occupent de la production et de l'élevage du bétail, que les Maures achètent pour transporter leurs marchandises.

Valeur commerciale. — Un zébu donnant un rendement moyen de 150 kgs de viande nette, coûte environ 8 pièces de guinée, soit 120 fr., valeur monétaire. Le kg. de viande revient donc à 0, 80 c. C'est plutôt une race de travail qu'une race de boucherie ; elle est sobre et rustique, vive et résistante ; c'est la race à employer pour les charrois et les labours.

La population bovine de cette race est excessivement nombreuse, car les Peuhls et les Maures des confins du Sahara ont des quantités considérables de troupeaux ; mais il m'est impossible d'en apprécier le chiffre, les indigènes n'ayant aucune notion du nombre et cherchant toujours à exagérer.

Race BAMBARA. — La race bambara a son centre de production dans le Bélédougou et le Macina. Elle dégénère au fur et à mesure qu'on s'éloigne du centre de production ; c'est une excellente race de boucherie.

Caractères. — Taille élevée, saillies osseuses peu prononcées, à bassin ample, à ventre volumineux, à encolure droite et courte, à tête assez petite, fine, la côte ronde et la croupe charnue. La bouche est large, le chanfrein droit, les yeux sont doux, bien ouverts, les cornes courtes, cylindriques, recourbées en arc, en avant.

La robe noire, gris de fer, est très commune dans cette race. C'est dans les riches pâturages du Niger et de ses affluents que se font la production et l'élevage de ces belles vaches bambaras dans la saison sèche.

Qualité et Commerce. — La race bambara est, comme il a été dit plus haut, une véritable race de boucherie ; elle a une grande aptitude à prendre de la graisse ; aussi est-ce par cette race que nous pourrons améliorer les autres.

La viande est de très bonne qualité.

Les vaches sont assez bonnes laitières pour le pays. C'est la race qui m'a donné le plus de lait jusqu'à ce jour ; j'en ai eu jusqu'à huit litres par jour, pendant l'hivernage 83 à Bammako. Ce chiffre n'a été obtenu avec aucune race parce que les indigènes ne savent pas du tout entrainer une vache laitière et élever les veaux.

Valeur commerciale. — Un bœuf ordinaire de cette race donne un rendement moyen de 180 kgs de viande et coûte de 120 à 130 fr. Le kg. de viande revient donc à 0, 72 c. à peu près.

C'est la véritable race à importer en Europe avec bénéfices pour la consommation.

Race MANDINGUE. — Cette race existe dans tout le pays situé entre Bafoulabé et Bammako ; elle s'étend, en outre, dans le Kaarta et le Tomora, d'une part ; dans le Diallon-Radougou, d'autre part.

C'est une petite race excellente pour la boucherie et propre au travail.

Caractères. — Taille ordinairement au - dessous de la moyenne, corps bien proportionné, coffre large, épaules bien prises, encolure et tête assez fines, membres grêles mais garnis sur la jambe et l'avant-bas de muscles forts, proportionnellement à la taille des animaux. Couleur rouge brun, cornes noires à leur extrémité et divergentes en arc.

Qualités. — Cette race est d'une très grande sobriété ; elle ne vit, pour ainsi dire, que dans les contrées montagneuses parcourues par des cours d'eau à eaux presque constantes. Ainsi, on la trouve dans le bassin du Haut-Niger, dans les bassins du Bafing, du Badingho, du Baoulé et du Kénieko.

La viande en est fine et d'excellente qualité. Les vaches donnent peu de lait, mais ce lait renferme une grande quantité de beurre.

On peut se servir du bœuf mandingue pour les charrois et les labours, en le faisant tirer au joug. Il est très docile et très agile, aussi, s'habituera-t-il vite au tirage.

Valeur commerciale. — Un bœuf mandingue donne un rendement moyen de 80 kgs de viande nette et coûte environ 5 pièces de guinée, ce qui met le prix d'un kg. de viande à 0, 93 c.

C'est cette race et la race khassonké qui nous sont vendues pour l'alimentation en général.

La race peuhl y contribue aussi pour une part assez considérable ; c'est une race propre à être améliorée et que nous devrons perfectionner comme race laitière et comme race de boucherie.

Race KHASSONKÉ. — Le centre de production de cette race est dans le Khasso et le Bambouck. C'est une race qui demanderait beaucoup d'améliorations. Elle est chétive, cela tient au manque de pâturages, pendant les 3/4 de l'année ; elle ne vit que de brousses ; aussi, l'appelle-t-on « bœuf de brousse ».

Les maladies contagieuses exercent de très grands ravages sur cette race à la fin de l'hivernage ; la péripneumonie y siège à l'état constant, et c'est de là que partent toutes les épidémies de cette maladie.

Caractères. — Taille au-dessous de la moyenne, poil assez rude, jaune, corps long, os saillants, mufle et yeux noirs. Les cornes sont longues et courbées en se dirigeant en dehors et en haut ; encolure mince, assez longue, fanon petit ; abdomen développé, fesses et cuisses peu charnues. En somme, c'est un animal maigre, mangeant très peu, mais, pourtant, vif et résistant.

Qualités. — Cette race s'assimile complètement et facilement les herbes, les racines, qu'elle seule peut utiliser ; c'est une race très sobre et très rustique. On pourrait l'améliorer vite et avec avantage, en cultivant assez de fourrages pour lui en fournir en tout temps. On aurait, alors, une race de travail, capable de faire des labours ou de tirer des voitures. Grâce aux diverses aptitudes qui la caractérisent, elle s'adapte très bien aux circonstances. Elle est bien le produit du sol ; elle a été formée par le temps et les conditions ambiantes qui lui ont imprimé un caractère propre par lequel elle se distinguera toujours des autres espèces. Une autre race ne résisterait pas aux conditions dans lesquelles elle vit, et ne pourrait, à plus forte raison, donner autant de produits qu'elle. Sans doute, elle est inférieure aux autres races pour la précocité, pour l'ampleur des formes, pour la production de la viande ou du lait ; mais elle leur est supérieure pour l'ardeur et la résistance au travail, pour l'agilité et la sobriété. En résumé, elle offre un ensemble de qualités et de défauts qui fait d'elle un type unique.

Tous les animaux de cette race supportent assez bien les fatigues, mais, trop souvent, leurs maîtres abusent de leur sobriété et les nourrissent avec une parcimonie vraiment déplorable. Enfin on rencontre, parfois, quelques animaux chétifs, malingres, d'une maigreur excessive, qui partagent la misère des noirs qui les conduisent.

La viande n'est pas de bonne qualité. Cette race fournit tellement peu de lait que les vaches ne peuvent nourrir leurs petits. Cela tient aussi à ce que les indigènes ne savent pas donner à la mère une alimentation capable d'augmenter la production lactée.

Valeur commerciale. — Le bœuf de brousse donne un rendement moyen de 60 kgs de viande nette et coûte environ

4 pièces de guinée. Cette race ne devrait être employée que comme race de travail, attendu qu'il n'y a aucun bénéfice à la livrer à la boucherie.

Chapitre II.

RACES OVINES.

Les races ovines sont au nombre de trois :
- 1º la race Peuhl ;
- 2º » Maure ;
- 3º » Mandingue.

Race PEUHL. — Le centre de production de cette race est dans le bassin inférieur du Haut-Niger, dans le Macina et les environs de Tombouctou. On en rencontre quelques types dans le Bélédougou. C'est une très belle race, propre à la production de la laine, qui est de belle qualité, et à la production de la viande. Cette race dégénère au fur et à mesure qu'on s'éloigne du centre de production.

Caractères. — Taille élevée, corps épais, poitrail ouvert, tête petite, un peu brusquée, présentant des taches noires ; oreilles larges, pendantes, fesses et cuisses charnues, laine longue et frisée. La laine est peu chargée de suint ; elle a de 1/20 à 1/25 de millimètre de diamètre ; elle est très longue, non élastique et peu extensible ; elle est souvent disposée en mèches pointues et pendantes, douce, d'un éclat assez brillant et un peu ondulée.

Qualité. — C'est la race la meilleure pour la production de la laine et de la viande, qui est excessivement fine. La laine est bonne, mais assez commune. Il serait très facile d'en améliorer la qualité par une sélection intelligente. Elle conviendrait bien, actuellement, pour la fabrication des manteaux, des tapis, etc., mais elle serait médiocre pour la fabrication des matelas, parce qu'elle se tasse et manque d'élasticité.

Le but de l'amélioration de cette race doit donc être la production d'une meilleure laine ; le résultat sera facile à atteindre, car cette race se rencontre dans les contrées les plus fertiles, et, par suite, les caractères nouveaux que nous voudrons lui imprimer se fixeront plus vite.

Valeur commerciale. — Ce mouton donne un rendement moyen de 18 kgs de viande nette et coûte, en moyenne, 15 francs. Quant à la population ovine, elle est incalculable ; dans le bassin inférieur du Haut-Niger, il y en a des troupeaux immenses conduits par les Peuhls. Les grandes tribus possèdent de 2 à 500.000 moutons divisés en troupeaux de 2 à 300 têtes.

Race MAURE. — Le centre de production de cette race est sur les confins du Sahara, au nord du Bélédougou et du Kaarta. Elle n'a pas la perfection de formes que présente la race Peuhl, mais elle est propre à la production de la laine.

Caractères. — Taille élevée, corps long, mince, maigre, à jambes hautes, à poitrine peu profonde, à encolure large, à laine généralement plus commune que dans la race peuhl, mais abondante ; à tête forte et brusquée.

Qualités. — Cette race, dépourvue de chair, ne sera réellement utile que pour la production de la laine, à moins de l'améliorer par le croisement et par sélection.

Valeur. — Ces moutons tout laine et os ne sont d'aucun profit pour la boucherie ; le rendement moyen n'est guère que de 9 kgs en viande nette ; l'animal coûte 10 fr. en moyenne.

La population ovine de cette race est aussi très nombreuse ; les Maures en possèdent de grands troupeaux sur lesquels, malheureusement, le sang de rate exerce de très grands ravages pendant les émigrations.

Race MANDINGUE. — La race mandingue se trouve dans toutes les régions situées au sud du Bakhoy et dans les vallées du Bafing, du Badingho et du Baoulé. Bien que la production se fasse sur une grande étendue de terrain, c'est cependant la race la moins nombreuse. Cela tient à ce que les habitants de ces régions sont sédentaires, au lieu d'être pasteurs, comme le sont les Peuhls et les Maures. Aussi ne voit-on pas chez eux d'immenses troupeaux comme ceux des Maures. Chaque village a quelques centaines de moutons, qui vont paître dans la journée et qui rentrent au parc le soir.

La race mandingue a peu de laine ; c'est, principalement, une race de boucherie.

Caractères. — Taille petite, à corps trapu, bien ramassé, bas sur jambes, à tête fine non brusquée, à oreilles courtes, à membres courts, à laine courte à brins isolés.

Qualités. — Ces moutons sont magnifiques de formes, excellents pour la boucherie, mais un peu petits. Il serait facile d'améliorer la race au point de vue de la production de la laine.

Valeur. — Ce mouton, qui donne un rendement moyen de 10 kgs de viande nette, vaut environ 7 fr.

DE L'EXPLOITATION DES BÊTES A LAINE.

Au nombre des industries qui seraient appelées à prospérer dans le Soudan occidental, la production de la laine doit venir en première ligne.

Le mouton possède des qualités qui le rendent, aux yeux des indigènes, supérieur aux autres animaux domestiques. Son principal produit, la laine, peut être plus facilement exporté que la plupart des autres produits agricoles. Aussi, quand l'ouverture de nouvelles routes multipliera les débouchés, le mouton deviendra-t-il, pour l'indigène, l'animal de vente par excellence. De tous les herbivores, c'est le plus approprié à ce pays-ci. Il est le seul qui puisse, dans une certaine mesure, utiliser l'aridité des côteaux et ramasser les quelques plantes qui, pendant les fortes chaleurs, résistent à la sécheresse.

En outre, il se prête facilement à la transhumance. Pourvu ordinairement d'une épaisse fourrure, il souffre peu de ne pas avoir d'abri ; enfin, par le pacage, il donne un excellent moyen de fertiliser le sol.

Il est vrai que les troupeaux des indigènes sont très hétérogènes, à cause des razzias, du pillage, de l'émigration annuelle des troupeaux des plaines dans les montagnes, et de la négligence apportée par les indigènes tant dans le choix de reproducteurs que dans l'entretien de leurs troupeaux.

Le Haut-Niger convient parfaitement à la production des laines et les efforts de la Métropole devraient tendre, surtout, à y développer l'élevage du mouton et à développer en même temps l'agriculture ; mais, pour tirer parti des ressources du pays, la première condition serait de développer l'intelligence de la population et de combattre son imprévoyance.

Les indigènes ne prennent, en effet, aucun soin de leurs moutons ; ils n'ont ni hangars pour les mettre à l'abri des intempéries des saisons, ni approvisionnements de fourrages pour la saison sèche ; aussi, perdent-ils souvent le tiers de leurs troupeaux. Les blâme-t-on de cette négligence ou veut-on leur donner quelques conseils, ils se bornent à répondre: « C'est Allah qui le veut, il fait ce qu'il veut. »

C'est à leur apathie qu'est due l'infériorité des laines soudaniennes. Le mélange, dans le même troupeau, de brebis presque irréprochables avec des béliers très défectueux, a produit ces moutons dont le corps est couvert de jarre et de laine mêlés à peu près en parties égales.

Le premier moyen à employer pour les faire disparaître, c'est de mettre ces animaux dans l'impossibilité de se reproduire. On peut trouver, dans les tribus, des mâles et des femelles qui, sans être absolument irréprochables, donneraient de bien meilleurs résultats. s'ils étaient seuls employés à la reproduction. En second lieu, il faut changer assez souvent l'emplacement des parcs pour éviter le fumier, éloigner les troupeaux des terrains couverts de poussière et de plantes hautes dont les graines adhèrent à la laine et déprécient la toison ; à la Plata, on prévient cette altération en opérant la tonte des troupeaux avant la maturité des graines ; cette précaution n'est observée que depuis quelques années seulement, et elle a déja augmenté la valeur des laines dans ces pays-là.

Les indigènes tondent très irrégulièrement ; pour cette opération, ils se servent d'un couteau, ce qui fait qu'ils ne peuvent pratiquer la tonte que lorsque la laine est très longue : en général, ils opèrent très mal.

De même, pour que l'élevage du mouton donnât des résultats assurés, il faudrait construire des hangars ; on pourrait, ainsi, avoir des reproductions capables d'améliorer les races.

En résumé, en appliquant avec intelligence les méthodes usitées en France pour l'amélioration des races, ou arriverait, dans le Haut-Niger, à de merveilleux résultats, d'autant plus que la population ovine y est très nombreuse.

En conséquence, l'industrie ayant pour base la production de la laine, et de la viande ensuite, pourrait réaliser des bénéfices considérables, dès que l'achèvement des routes entreprises ouvrira de nouveaux débouchés.

Chapitre III.

RACES CAPRINES.

On rencontre ici plusieurs types de chèvres qui diffèrent les uns des autres par leur taille, leurs formes, par la plus ou moins grande quantité de lait qu'ils donnent, par la longueur des poils; mais toutes ces dissemblances constituent moins des races que des variétés disséminées dans toute la contrée.

Race PEUHL. — Le vrai type des races caprines se trouve dans le Macina ; c'est le type *Peuhl.* Il se distingue par sa taille très élevée, par son corps fort, bien proportionné, et par une longue barbe.

Le poil de ces chèvres est assez fin ; entre les poils, se trouve un petit duvet assez abondant.

Cette race fournit beaucoup de lait ; elle est d'une agilité exceptionnelle.

Le prix moyen d'une chèvre peuhl est d'une pièce de guinée, soit 15 fr.

En dehors de ce type, on trouve une assez grande quantité de chèvres dont la taille varie suivant le pays, mais qui ne constituent pas, à proprement parler, des races bien distinctes.

Les indigènes utilisent le poil en le mélangeant à la laine du mouton; de plus, la peau sert à faire des sacs, des outres pour porter l'eau.

On pourrait améliorer la race en vue d'obtenir un plus grand rendement de laine ou de duvet, mais cette amélioration ne pourrait se faire que par le croisement en important des types de la race cachemire ou d'Angora.

Chapitre IV.

ALIMENTATION DU BÉTAIL.

Le bétail ne reçoit aucune nourriture au parc : c'est donc la nature seule qui fournit l'alimentation nécessaire à son entretien. Le régime de la stabulation est encore inconnu ici ; les animaux sont nourris sur les pâturages. Dès que les produits agricoles auront des débouchés, la culture du sol augmentera et, par suite, on arrivera, plus tard, à substituer le régime de la stabulation au régime des pâturages.

Le régime des pâturages est donc le seul qui soit usité en ce moment dans tout le Soudan occidental. Les animaux sont nourris, les uns sur des plateaux, les autres dans des vallées. Les meilleurs pâturages pour l'alimentation du bétail sont, sans contredit, ceux de la vallée du Niger. Cela tient à ce que cette partie du pays est exposée aux inondations périodiques du fleuve et que, par suite, une humidité continuelle y entretient les prairies en bon rapport.

Mais ce régime a l'immense désavantage de ne pas être favorable à l'amélioration des races et de ne permettre ni de soigner le régime des élèves, ni de régler les appareillements. Aussi, serons-nous obligés de le modifier quand nous voudrons améliorer les types.

En outre, pendant les derniers mois de la saison sèche, le bétail n'a, pour ainsi dire, plus d'aliments. Il sera donc nécessaire pour parer à cet inconvénient, de créer des magasins, des silos où le fourrage se conserve, pendant toute l'année, à l'état vert.

Chapitre V.

AMÉLIORATION DES RACES SOUDANIENNES.

Le problème de l'amélioration des races dans le Soudan occidental est encore à résoudre avec ses difficultés et ses incertitudes. Il est plus complexe que celui qui a trait aux cultures.

Dans toutes les contrées, le climat et le régime ont formé des races diverses qui sont toujours l'expression du milieu naturel. Selon le climat, selon la nourriture qu'on lui donnera, l'animal prendra de la taille et de la force, ou sera apte à donner de la viande ou du lait. Le Soudan possède des races ainsi constituées, qui doivent tout au sol et au climat et qui se sont fixées, en dehors de l'action de l'homme, par l'hérédité et par l'exclusion des races étrangères. Aussi, croyons-nous qu'il faut soigneusement conserver les races indigènes et se vouer à leur perfectionnement, car elles seules peuvent supporter les excès du climat sans dégénérer.

La sélection, c'est-à-dire la modification et l'amélioration de la race par elle-même, au moyen d'un choix raisonné de reproducteurs, est, à nos yeux, le meilleur moyen à employer, si elle s'appuie sur une riche alimentation. Le procédé est lent dans son action, mais le résultat en est sûr. Aussi, pensons-nous que l'avenir appartient à une sélection éclairée, préparant les futures générations à être perfectionnées d'après les circonstances environnantes.

Ce qu'il faut donc, c'est trier, avec le plus grand soin, les animaux reproducteurs parmi les races du pays acceptées comme les meilleures, parmi celles qui donnent les produits les plus utiles, afin de développer ainsi les qualités nouvelles, sans affaiblir en rien les aptitudes déjà acquises qu'on recherche chez les animaux bien conformés. Qu'on leur donne des aliments variés dans la juste proportion qui doit en faciliter l'assimilation, et la race s'améliorera dans les formes, grandira et prendra du poids.

On doit tendre à conserver au bétail soudanien les habitudes de vigueur, de rusticité, lentement mais solidement acquises par la vie au grand air et au grand soleil. Conséquemment, le seul procédé pratique d'amélioration, c'est la sélection. Si l'on s'aventurait dans la voie du croisement par des races supérieures étrangères, on s'exposerait, pour obtenir certaines qualités, à jeter le trouble dans l'économie rurale du Soudan, en ruinant son élément essentiel de succès, le bœuf de force. Du reste, les races étrangères ne peuvent convenir ici : elles sont trop difficiles à nourrir, et d'autant plus difficiles qu'elles sont plus perfectionnées et qu'elles ne pourraient s'acclimater sans perdre de leurs qualités.

Aujourd'hui, les questions relatives à la production du bétail s'imposent plus que jamais à l'attention des cultivateurs. Le bétail doit toujours donner du profit, quand il est bien choisi et qu'il est bien nourri, par la production de la force, de la viande et du lait. En ensilant le maïs-fourrage, on assure au bétail une alimentation substantielle et suffisante pour toute l'année.

En résumé, dans le Soudan occidental, faire de l'herbe et multiplier le bétail sont deux conditions de prospérité devant les importations toujours croissantes du bétail vivant en Europe.

Les grands obstacles à l'amélioration des types sont : le manque d'un principe arrêté pouvant éclairer la marche, l'apathie de la population, et la pénurie des fourrages, surtout dans le Haut-Sénégal.

C'est en voyageant de village en village que l'on reconnait

combien il y a encore à faire avant que le pays ne jouisse de cette prospérité dont il a en mains tous les éléments, combien il y a urgence à porter la lumière sur tous les points encore obscurs. C'est en installant des stations agronomiques que l'on remédiera à cet état de choses.

Chapitre VI.

DU BÉTAIL AU POINT DE VUE COMMERCIAL.

L'agriculture et la production du bétail doivent être la source de la fortune des indigènes et de la richesse de la colonie. Elles sont appelées, en effet, à faire la colonisation, à alimenter le commerce et à féconder, en même temps, et les intérêts des particuliers et ceux de la métropole.

Les arachides et les fourrages et, par ces derniers, le bétail seront, dans l'avenir, les branches les plus importantes de la production dans le Soudan occidental. Ces cultures sont plus en harmonie avec le sol, avec le climat, avec les exigences de notre époque et les nécessités du commerce actuel.

En agriculture, c'est le bétail qui tient la première place. Les fermes les plus fertiles du monde lui doivent leur prospérité ; c'est à lui que l'agriculture anglaise doit sa richesse, la République Argentine, sa rapide prospérité.

Le bétail produit la viande, le lait et le travail ; de plus, il fournit à certaines industries les matières premières qui leur sont indispensables ; il est, en même temps que le moyen, le but du progrès agricole. La production du bétail étant l'auxiliaire indispensable de toute agriculture progressive, on doit tendre à perfectionner les races soudaniennes pour leur donner le plus de valeur possible et leur faire rendre le plus de services. Avec un bétail bien soigné et perfectionné on arrive à fournir la viande à bon marché et à résoudre, par suite, le problème de la vie à bon marché.

Actuellement, on ne peut plus compter sur la nature seule ; avec la concurrence que toutes les nations feront à la colonie, avec l'exigence toujours croissante des habitudes sociales, les produits doivnet proportionnellement augmenter en quantité et en qualité.

Il suffit de jeter un coup d'œil sur la production du bétail dans ces contrées pour se rendre compte que les indigènes sont dans l'ignorance la plus complète des procédés que l'on doit employer pour faire de l'élevage avec bénéfice.

Aussi, devrons-nous, par l'établissement de stations agronomiques, leur indiquer les procédés à employer et leur faire comprendre la valeur des richesses qu'ils ont entre les mains et dont ils ne savent pas tirer parti.

Il y a des pâturages excellents pour l'élève du bétail, mais que la présence des Toucouleurs sur la rive droite du Sénégal et sur les rives du Niger empêche d'utiliser. Aussi, cette industrie ne saurait-elle prospérer, tant que les Toucouleurs occuperont Ségou et le Kaarta. Mais dès que cette question toucouleur sera réglée et que la plus complète sécurité régnera dans le pays, l'élève du bétail réalisera de gros bénéfices, surtout dans le Haut-Niger.

Débouché — Nous devons viser au débouché assuré ; or, avec des vallées aussi fertiles que celles du Niger et des fourrages abondants, craint-on de ne pouvoir se défaire avantageusement du nombreux bétail qu'on élèvera et qu'on engraissera? Le prix du bétail n'augmente-t-il pas de jour en jour, et nos lois économiques, comme nos habitudes de confortable, n'assurent-elles pas l'élévation progressive de ce prix ? Le seul marché de La Villette reçoit, par an, plus d'un million de moutons venus de Hongrie et de Russie : en 1881, à ce même marché, il s'est vendu en un mois près de 500 bœufs américains, sans compter les bœufs étrangers importés en province.

L'Amérique est le pays qui exporte le plus de bétail en Europe. De nombreux vapeurs vont, régulièrement, de New-York aux ports anglais pour transporter du bétail vivant. En 1880, ces vapeurs ont transporté, dans une période de 12 jours, (du 7 au 18 juin) 8930 bœufs et 6760 moutons de provenance américaine, dans les cinq ports de Londres, Liverpool, Bristol, Southampton et Hulle.

La consommation de la viande est loin d'avoir atteint son maximum, et pour longtemps encore il sera avantageux pour le Haut-Niger de la produire en quantités considérables.

D'autre part, la colonie n'a-t-elle pas intérêt à contribuer à affranchir la métropole du tribut que cette dernière paie à l'étranger pour son alimentation, et ne doit-elle pas tendre à substituer ses exportations de viande aux exportations américaines, pour la consommation de l'Europe entière ?

Que l'on s'occupe avec intelligence de l'élève du bétail et l'on ne tardera pas à s'apercevoir que cette industrie, en même temps qu'elle fait la fortune des particuliers, satisfait à toutes les exigences de la consommation intérieure comme aux demandes de l'exportation. Que l'indigène secoue les préjugés qui ont présidé à son éducation agricole et il comprendra que la production du bétail est la voie dans laquelle la colonie doit hardiment s'engager pour subvenir aux nécessités de la métropole, tout en appuyant sa fortune et sa colonisation sur les bases les plus solides.

Chapitre VII.

RACE CHEVALINE.

Les races chevalines, dont j'ai fait une description sommaire dans un rapport adressé à M. le Gouverneur du Sénégal, en 1883, au sujet de la création d'un haras dans le Haut-Sénégal, sont au nombre de trois :

1º race Maure ;
2º race Ouassoulonké ou race du Sud ;
2º race Ouassoulo-Maure.

Race MAURE ou Peuhl. — Le centre de production de cette race est la région située au nord du Bélédougou et du Kaarta ; elle a été importée par les Maures jusqu'à l'Océan. D'après les derniers renseignements que j'ai pu recueillir, ce sont les Peuhls qui ont été les premiers importateurs de cette race et ce sont encore eux qui s'occupent de la production et de l'élevage.

Le pays habité par cette nation est situé sur les rives du Niger et couvert de prairies fertiles qui sont inondées périodiquement ; aussi, les pâturages y sont-ils très bons, et la région est-elle propre à l'élevage. C'est, du reste, dans le Macina que nous trouvons les plus grandes races d'animaux de tout le Soudan occidental.

Caractères. — Le cheval peuhl et le cheval maure appartiennent à la même race, ont la même conformation ; le premier

4

50   MISSION AGRICOLE ET ZOOTECHNIQUE

est plus grand ; sa taille moyenne est de 1ᵐ55, tandis que celle du cheval maure n'est que de 1ᵐ46, différence qui tient à la nature du pays où ils ont été élevés.

Ce cheval a la charpente osseuse très solide, le système musculaire puissant, la tête légère et bien attachée, l'encolure peut-être un peu courte, la poitrine ample et profonde, le garrot élevé quoique souvent empâté, le rein large mais un peu long, l'épaule longue et oblique, l'avant-bras assez musculeux, les jarrets et articulations des membres assez larges et, surtout, nets.

Qualités. — Ce cheval se fait remarquer, en outre, par sa douceur, sa docilité, sa rusticité ; c'est avec ces chevaux, recrutés dans le Macina, que se fait la remonte de la cavalerie toucouleur et que devra se faire la remonte de notre cavalerie coloniale. Ce cheval est le seul, en effet, qui ait la force et la rusticité nécessaires pour supporter les fatigues et les privations de ces régions intertropicales. Aussi devrait-on en encourager la production et l'élevage.

La création d'un haras, si l'on veut continuer à avoir de la cavalerie dans le Haut-Niger, est d'autant plus indispensable que les besoins de l'État augmentent chaque jour. Actuellement les spahis sont remontés en chevaux arabes et ces derniers ne résistent pas au climat, d'où une dépense considérable et des pertes sérieuses, car on est obligé de trouver sur place les animaux nécessaires pour remplacer, pendant la campagne, ceux qui ont succombé.

Utilité de l'établissement d'un haras. — Pour démontrer l'utilité presque urgente de l'établissement d'un haras, je ne ferai que citer le chiffre exact de la mortalité des chevaux arabes chaque année et les dépenses approximatives que cette mortalité a occasionnées par suite de l'achat de chevaux du pays.

Campagne 1881-82, sur 25 chevaux montés dans le Haut-Fleuve, 24 morts
»   82-83 » 90   »   »   »   48 »
»   83-84 » 48   »   »   »   40 »
»   84-85 » 46   »   »   »   40 »

Chev. montés dans le Ht-Fl. 169   Morts : 152

Sur 169 chevaux arabes, il en est donc morts 152, ce qui donne une perte sèche de 152.000 francs, le cheval arabe revenant à l'État à 1000 francs, environ, rendu dans le Haut-Sénégal.

Puis, pour remplacer ces chevaux morts, il a fallu faire de nouvelles dépenses et acheter des chevaux du pays, que les noirs nous vendaient alors un prix excessif, sachant très bien que nous en avions absolument besoin pour remonter nos cavaliers. Voici quel a été, à peu près, le minimum de cette dépense :

Campagne 1881-82	15.000 francs.
82-83	30.000 »
83-84	25.000 »
84-85	25.000 »

soit une dépense totale de 95.000 fr.

Or, si dès le début de l'occupation du Haut-Sénégal, sachant très bien que le cheval arabe ne vit pas dans le Centre africain, on avait supprimé ces chevaux et créé un haras, on aurait ainsi augmenté la production chevaline du pays et évité le renouvellement de dépenses énormes tous les ans.

Il est encore temps de le faire, si l'on veut s'établir définitivement dans le Soudan. Les dépenses occasionnées par la construction d'un haras, qui comprendrait, au début, deux écuries et un pavillon pour le personnel, seraient couvertes par les économies que l'on réaliserait au bout de quelques années et s'élèveraient à peine, d'ailleurs, à 40.000 fr., somme représentant à peu près les pertes subies chaque année par la mort des chevaux arabes.

(Voir mon projet de création d'un haras dans le Haut-Sénégal, au Ministère de la Marine, Bureau du Haut-Sénégal.)

Valeur commerciale. — Le cheval maure coûte environ 1.000 fr. ; mais, en faisant les achats par échanges, on l'aurait à meilleur marché.

Race OUASSOULONKÉ. — Le centre de production de cette race est dans le Ouassoulou et dans tous les pays situés au sud du Bakhoy. Elle ne se fait pas en grand, comme pour la précédente ; aussi, la population chevaline de cette race n'est-elle pas très nombreuse ; par contre, elle est disséminée ; cela tient à ce que les habitants sont sédentaires et ne s'occupent que secondairement de la production chevaline.

Caractères. — Ce cheval est petit, taille moyenne de 1 m 37. Chez la plupart des individus, on remarque un manque d'harmonie dans les différentes parties de l'organisation et beaucoup d'irrégularité dans les aplombs. Leur charpente osseuse est assez forte, mais les os manquent de densité et de résistance. La peau est épaisse, les poils sont longs, la tête est lourde et mal attachée.

Dans les membres, on rencontre rarement les qualités physiques qui indiquent une grande puissance et une grande étendue des mouvements ; épaule courte et droite ; boulets et paturons faibles et droits ; le jarret manque de largeur et d'épaisseur, le pied est petit et souvent défectueux ; la corne a peu de liant et de solidité.

Qualités et défauts. — En résumé, c'est un cheval mal conformé pour faire campagne. Il convient pour les plaines et les vallées, mais, dans les pays montagneux, il ne tarde pas à se fatiguer et à se tarer. Il n'est pas assez fort pour pouvoir supporter longtemps le poids du cavalier avec le paquetage de campagne. Nous avons pu le constater pendant la campagne 1882-1883. La cavalerie ennemie de Samory était remontée avec un assez grand nombre de chevaux de cette race. Aux combats qui ont été livrés à Bammako, les cavaliers abandonnaient leurs chevaux pour s'enfuir plus vite et, pourtant, ceux-ci n'étaient pas chargés du poids que nos animaux supportent pendant une campagne. Ce cheval ne peut donc pas être employé comme cheval de guerre, jusqu'au moment où l'on aura amélioré sa race par un choix de bons producteurs et par des croisements.

Valeur. — Ce cheval vaut 600 fr. environ.

Race OUASSOULO-MAURE. — Cette race provient du croisement de la race Maure et de la race Ouassoulonké. La production et l'élevage ont lieu dans le Bélédougou et le Kaarta. La population chevaline de cette race est très restreinte.

Caractères. — Le cheval ouassoulo-maure a une conformation moins robuste que le cheval maure. Par suite de croisements répétés, dans le Bélédougou principalement, il a plus de sang maure que de sang ouassoulonké. Il a, à peu près, la conformation du cheval de cavalerie légère ; sa taille moyenne est de 1ᵐ 42 ; la tête est légère, assez expressive, encolure un peu courte, garrot élevé, rein et dos souvent un peu longs mais larges, poitrine spacieuse, ventre peu volumineux, épaule longue et légèrement oblique, avant-bras musculeux. Les membres sont secs, un peu grêles inférieurement; tendons denses et secs ; jarrets fins, quoique souvent clos.

Ce cheval peut convenir pour remonter les officiers des corps autres que la cavalerie, le service en campagne n'étant pas aussi dur et aussi pénible pour les chevaux montés par des officiers que pour les chevaux de la cavalerie, qui sont souvent obligés de marcher à une allure rapide, avec un poids assez considérable sur les reins.

Valeur. — La valeur moyenne de ce cheval est d'environ 800 fr.

Industrie chevaline. — Dans le Soudan, plus que partout ailleurs, les chevaux sont le produit des influences naturelles.

Dans les pays riches, où les pâturages sont abondants, nous avons une race de taille élevée, forte ; dans les pays où les fourrages font défaut une partie de l'année, nous trouvons, au contraire, une race petite et défectueuse.

Le chiffre de production est très élevé dans le Macina et dans le pays situé au nord du Kaarta ; cela tient à ce que les peuplades sont essentiellement des peuplades de pasteurs ; tandis que, pour les autres races, la production est fort disséminée, et il n'y a pas, à proprement parler, d'agglomérations d'animaux. La cause en est aux guerres continuelles que les indigènes se livraient entre eux, avant notre arrivée, à la rapacité des chefs vainqueurs qui dépouillaient les tribus vaincues de leurs plus beaux chevaux, à la paresse de ces tribus elles-mêmes. Ces causes existent encore, mais elles n'ont qu'une importance secondaire ; la principale, c'est la mauvaise exploitation du sol, par suite de l'ignorance des indigènes, d'où le manque de fourrages dans la saison sèche.

Les chevaux de choix sont fort inégalement répartis dans les diverses régions ; il s'en trouve, cependant, dans toutes les contrées, qui sont propres à propager les qualités des types auxquels ils appartiennent, de sorte que, pour réaliser de sensibles améliorations ; il suffira de bien choisir les reproducteurs. Malheureusement les noirs négligent généralement ce soin et se montrent complètement indifférents à la reproduction des animaux domestiques ; aussi, dans la plupart des cas, les accouplements sont-ils faits au hasard. L'élevage est, aussi, très inégalement pratiqué. Les indigènes donnent bien quelques soins aux poulains, mais ils les montent trop jeunes et, par suite, ces poulains sont usés dès l'âge de deux ans.

Commerce. — Le commerce de chevaux se fait, principalement, au nord du Bélédougou, dans les grands marchés de Mourdia, Damfa, Sigala, etc., et au nord du Kaarta. D'après les renseignements donnés par M. le docteur Bayol, on peut dire qu'il y a dans ces villes de véritables marchés aux chevaux. C'est là que le conquérant du Ouassoulou, Samory, fait acheter ses chevaux d'élite. C'est également sur ces points que nous devrons faire nos achats, le jour où nous aurons besoin d'acquérir des chevaux, car nous ne pouvons communiquer avec les Maures et avec les Peuhls que par le Bélédougou, les Toucouleurs nous ayant fermé les routes qui aboutissent à nos postes du Haut-Sénégal. Ç'est encore une des raisons pour lesquelles on devrait faire disparaitre du Kaarta ces musulmans fanatiques. Du jour où ce résultat sera atteint, les routes seront libres, la sécurité sera complète ; le Haut-Sénégal deviendra une colonie très active, aussi commerçante que le Haut-Niger ; en effet, les Maures viendront, avec leurs caravanes et leurs troupeaux, dans nos postes de Kita, Badumbé, Bafoulabé et Médine, qui deviendront des centres commerciaux très importants, où les échanges se feront en parfaite sécurité.

Chapitre VIII.

RACES ASINES.

Avant l'occupation du Haut-Sénégal, il n'existait qu'une seule race d'ânes dont la production se fait dans le Kaarta et dans tout le pays situé sur les rives du Bakhoy. Actuellement, on a obtenu, par le croisement de cette race avec des ânes algériens que nous avons importés, il y a cinq ans environ, une seconde race qui est encore à l'état embryonnaire, pour ainsi dire, car elle compte quelques individus seulement. Il serait bon de la propager, car ce croisement a pour résultat d'élever la taille des ânes du pays, sans leur retirer leurs qualités.

Race du pays. — L'âne du Soudan est de petite taille, de couleur gris-cendré, à poil ras, et présente toujours la raie cruciale sur le dos et les épaules ; fort et vigoureux, il est, en même temps, remarquable par sa légèreté et sa sobriété.

Pour leur faire rendre de bons services, il faut suivre l'exemple des Diulhas, qui ne les poussent jamais à la marche et leur donnent une nourriture en rapport avec le travail effectué. Les ânes maigrement nourris et auxquels on impose de pénibles travaux succombent à la peine ; c'est une des raisons pour lesquelles il en meurt pendant le ravitaillement des forts. Il est à remarquer, par exemple, que les ânes attelés aux petites voitures sont plus vite usés que les ânes porteurs ; cela tient certainement à ce que le travail est plus dur et à ce que les conducteurs noirs ne savent ni conduire les ânes ni les soigner.

La production est disséminée un peu partout, mais elle diminue tous les ans, et il arrivera certainement que cette race s'épuisera, si nous continuons à acheter des ânes en grand nombre.

La valeur commerciale d'un âne est de 80 fr., en moyenne.

Race croisée. — Le type de la race croisée avec les ânes algériens a, sensiblement, la même forme que la précédente ; elle est d'une taille plus élevée et a souvent un pelage foncé, à poil noir, avec le dessous du ventre, le bout de la tête et le pourtour des yeux, blancs.

Le type pur algérien ne résiste pas au climat ; il meurt, ordinairement, peu de temps après son arrivée.

Chapitre IX.

INDUSTRIE MULASSIÈRE.

Dans le Soudan, où il n'existe que des ânes de toute petite taille, il serait utile de se livrer à l'industrie mulassière, le mulet étant le véritable animal de bât pour ces pays, où les routes sont très accidentées ; il marche vite et supporte bien les fatigues et les privations.

Comme l'âne du Soudan est trop petit pour être employé à la reproduction du mulet, il faudrait, ce qui serait facile, importer des baudets de la Guinée. Ces animaux sont remarquables par leur taille élevée, leurs belles formes, leur force et leur agilité. Ces ânes, habitués déjà au climat, résisteraient donc mieux que les mulets d'Algérie.

Nous avons donc, pour la production du mulet, la jument du pays et le baudet de la Guinée. Ces animaux ne peuvent être mieux accouplés, surtout pour la taille. A la suite de cet accouplement, on aura un produit sobre, fort, vigoureux, résistant bien aux fortes chaleurs et aux plus dures fatigues.

Une question dont la solution s'impose de plus en plus, aujourd'hui que chaque puissance cherche à avoir des colonies, c'est de trouver des animaux capables de supporter le climat de ces colonies. Or, jusqu'à présent, il n'y en a pour ainsi dire pas qui remplissent cette condition ; les chevaux arabes et les mulets algériens, sur lesquels on comptait, ne peuvent supporter longtemps le climat intertropical et meurent vite d'épuisement.

Il faut donc, absolument, créer une race dans les régions mêmes; ce n'est que par ce moyen que nous pourrons avoir des mulets capables de résister au climat de nos colonies.

Le mulet n'est certainement pas venu tout seul à la Plata : or, aujourd'hui ce pays a donné un tel développement à l'industrie mulassière qu'il exporte, chaque année, un grand nombre de mulets. Seulement, comme cette industrie ne se crée pas en un jour, il faudra continuer à acheter des mulets en Algérie, ce sont encore ceux-là qui supportent le mieux le climat du Soudan, et, autant que possible, faire acheter des mules, parce qu'elles sont plus résistantes.

On pourrait faire l'essai de l'industrie mulassière en achetant, en Guinée, deux ou trois baudets étalons. Si cette industrie réussissait, nous éviterions, par là, bien des dépenses. Comme je l'ai dit, étant donné que nous n'avons pas un animal capable de supporter le climat de nos colonies, l'entretien de la cavalerie dans ces pays nous est fort onéreux.

Chapitre   X.

AMÉLIORATIONS A INTRODUIRE.

ARTICLE PREMIER. — Création de stations agronomiques.

La création, de stations agronomiques est de toute nécessité et d'une utilité indiscutable, dans ce pays où les travaux agricoles sont, pour ainsi dire, encore en enfance.

Le but de ces créations serait d'établir les avantages économiques de nos machines et d'en démontrer le fonctionnement aux indigènes ; de leur indiquer les procédés à suivre pour accroître la fertilité des terres, et les méthodes à appliquer à l'élevage et à l'alimentation du bétail ; enfin, de présenter l'agriculture comme étant la base essentielle de la colonisation et le fondement de toute économie politique dans le Soudan occidental.

Ces stations, qui contribueraient, certainement, à accroître les richesses agricoles du pays, ne constitueraient pas une dépense bien considérable. Quelle que soit la somme que l'État leur consacre, d'ailleurs, cette somme sera couverte au bout de peu de temps par le progrès que leur influence aura fait faire à l'agriculture. C'est, je crois, le seul moyen à employer dans cette vaste colonie, et le seul qui donnera, certainement, de très bons résultats.

Les puissances étrangères ont, du reste, bien compris l'utilité de ces stations et en ont installé dans plusieurs de leurs colonies.

Ces stations feraient, en outre, comprendre aux indigènes l'importance de l'élevage bien entendu du bétail, question qui leur est, pour ainsi dire, inconnue, et qui a, pourtant, une grande importance économique.

Il est donc facile de se convaincre de l'intérêt considérable qui s'attache au développement de cette institution, de quelque côté que l'on envisage les services qu'elle rendrait ici à l'agriculture.

Aussi, devrait-on en fonder immédiatement au moins deux :

1° une à **Bafoulabé** (rive droite du Bafing) ;

2° une à **Bammako** S/Niger (rive gauche du Niger).

Et plus tard, si ces stations donnent les excellents résultats que l'on est en droit d'en attendre, on pourrait en créer une 3me à Kita et une 4me à Siguiri (Haut-Niger).

Ces quatre stations suffiraient amplement pour donner une grande impulsion à l'agriculture dans la colonie.

Matériel. — Le matériel de ces stations devrait se réduire aux instruments agricoles les plus simples, charrues, herses, charrettes, brouettes, etc.

Personnel. — Le personnel comprendrait :

1° un directeur de station, personne compétente dans les questions agricoles et zootechniques ;

2° un sous-directeur, qui remplacerait le directeur, en cas de maladie ;

3° deux Européens, chefs de culture, chargés de la semence, récolte et travaux ;

4° deux indigènes, anciens soldats, pour surveiller ;

5° des indigènes en quantité suffisante pour cultiver.

Comme ces stations auraient des champs aussi vastes qu'elles le désireraient, il est bien entendu que les récoltes seraient faites au profit de l'État.

Résumé. — En somme, c'est par la création de ces stations agronomiques que nous parviendrons à donner de l'extension à l'agriculture ; aussi faudrait-il les fonder le plus tôt possible, car, plus nous tarderons et plus nous perdrons. Il faudra absolument arriver tôt ou tard à employer ce moyen, le seul intelligent pour civiliser ces peuplades nègres. En effet, depuis quatre ans que nous occupons le Haut-Sénégal, qu'avons-nous fait ? Rien, si ce n'est l'occupation militaire. Il est donc temps de se mettre à l'œuvre et de montrer à ces peuples demi-sauvages de quelle façon ils peuvent vivre sans se battre, sans voler, sans tuer, et de leur faire connaitre qu'en travaillant la terre, ils peuvent acquérir des richesses. Dernièrement, le chef de Malma, nommé Moussa, me tint ce langage : « Voyons, les Toubabo » (Français) sont ici depuis 4 ans, c'est vrai ; mais qu'ont-ils fait » pour le pays? Rien. Nous ont-ils montré comment eux cultivaient ? Non ; enfin, nous apprennent-ils ce qu'ils savent? » Non. Eh bien ! alors, qu'ils ne se plaignent pas de nous ! ils » ne veulent rien nous montrer. Mais qu'ils me donnent des » graines, qu'ils me montrent leur système de culture, et je ferai » comme eux. »

Ce langage n'est que trop l'expression de la vérité ; il m'a été tenu en fin janvier 1885 ; il prouve l'intelligence du chef et montre bien les excellents résultats que nous pouvons attendre de l'établissement des stations agronomiques.

ARTICLE II. — Instruments agricoles à importer.

Il ne s'agit pas d'importer ici nos instruments les plus perfectionnés, nos machines à vapeur, par exemple ; les indigènes n'y comprendraient rien et refuseraient de s'en servir.

Ce qu'il faut, c'est leur donner les outils ou instruments les plus expéditifs, les plus maniables, et ceux avec lesquels on opère bien.

Toutes les opérations de l'agriculteur se bornent à déblayer le sol à mettre en culture, des plantes ou des pierres qui le couvrent ; à nettoyer le terrain pour semer ou planter, soit simplement en le sarclant, soit en remuant la superficie ou en creusant la terre. En dernier lieu, on remue le terrain pour faire parvenir plus facilement, jusqu'aux racines des grands végétaux, l'eau, l'air et l'acide carbonique, ainsi que les fumiers végétaux, minéraux ou animaux, qu'on y transporte.

Les instruments aratoires les plus simples qu'il serait nécessaire d'importer ici sont :

Les différentes sortes de haches, les serpes, les houes, les serpettes, les faucilles, les faux, les rateaux, les fourches.

Cet assortiment, sans être assurément très complet, est très suffisant, dans ces pays, pour la culture en jachère des bois.

Dans les plaines, qui sont très nombreuses, il faut un plus grand nombre d'outils, et des charrues, qui sont le grand mobile de la culture continue.

Charrue. — La charrue qu'il faut ici est celle employée en France pour les terres fortes.

Charrue-semoir. — Quant à la charrue-semoir, elle ne doit pas avoir ses petits socs à la même distance que celles de France. Elle a ordinairement 7 socs et donne des rangs de 0^{m}17 de distance, ce qui est suffisant pour les céréales ; mais ici, la plante qui se sème au plus près, c'est le riz, dont les intervalles ne sont que de 0^{m}33. Aussi, pour ne pas être obligé d'avoir une charrue-semoir pour chaque plante, faudrait-il avoir des socs mobiles, de telle sorte qu'on puisse régler la distance entre chaque plant par la suppression de certains d'entre eux.

Les indigènes n'ayant aucun moyen de transport, la charrette est absolument indispensable pour le transport des récoltes.

On devrait, aussi, importer quelques machines à piler et à décortiquer.

Tels sont, en somme, les instruments les plus simples que l'on devrait mettre à la disposition des indigènes en leur indiquant la manière de s'en servir.

ARTICLE III. — Création de voies commerciales dans le Haut-Sénégal.

Le Haut-Sénégal ne possède, en réalité, qu'une seule route commerciale, celle de Bakel à Bammako par Médine, Bafoulabé, Badumbé, Gouiokory et Kita. Une seconde va être terminée, à la fin de la campagne, c'est celle de Bafoulabé à Bammako par le Gangaran, le Bafing et Niagassola.

Il faut donc, dans l'intérêt de l'avenir commercial du Haut-Sénégal, créer de nouveaux débouchés sur les côtés de notre ligne de postes, c'est-à-dire, relier nos cercles à des centres commerciaux très importants qui se trouvent au nord et au sud de notre colonie.

Ces centres sont, au Nord : Koniakary, Diala, Nioro et Tichitt ; au Sud : Koundian, Dinguiray et Timbo, capitale du Fouta-Diallon.

1o **Route sur Nioro.** — La voie commerciale qui s'impose avant toute autre, actuellement, pour les transactions et pour le ravitaillement de nos postes, c'est celle allant, soit de

Médine à Nioro par Koniakary, soit de Badumbé à Nioro par
Guémou ; mais, malheureusement, ce pays, qui a été conquis
par El Hadj Omar, se trouve actuellement sous la domination
des Toucouleurs, musulmans fanatiques, dont le seul but est
de nous créer des embarras, jusqu'à ce qu'ils trouvent un
moment propice pour attaquer nos convois ou les caravanes
de Diuhlas passant sur notre territoire.

On ne peut songer à traiter avec eux, car ils n'agissent que
par ruse, par malice ou par fourberie ; du reste, pour se rendre
compte de leur fourberie, il suffit de jeter un coup d'œil sur le
traité que M. Galliéni avait passé avec Ahmadou, le sultan de
Ségou, en 1881.

En conséquence, il faudrait terminer brusquement cette lutte
sourde que nous avons avec les Toucouleurs, pour assurer la
sécurité du pays et protéger les transactions commerciales. Ce
sont les seuls qui nous créent toutes les difficultés imaginables :
ils coupent les routes aboutissant à nos postes, défendent à
leurs gens de nous vendre quoi que ce soit, interdisent aux
caravanes d'entrer sur notre territoire, en un mot, causent un
grand préjudice au commerce.

Cette puissance tombée, nous serions entièrement maîtres du
Soudan occidental ; par suite, les échanges se feraient en toute
sécurité, le nombre des caravanes augmenterait et le commerce
deviendrait la seule préoccupation de ces peuplades nègres.

2º **Route sur Timbo.** — Le Fouta-Diallon étant un pays
très riche, il serait utile de relier Bafoulabé à Timbo, la capitale du Fouta, afin d'attirer dans nos postes les caravanes du
sud. Or, cette route est toute faite : nous avons un fleuve, le
Bafing, qui prend sa source près de Timbo et se réunit au
Bakhoy à Bafoulabé pour former le fleuve « Sénégal ».

Il conviendrait donc de faire explorer le cours de ce fleuve
en entier, afin de connaître les pays qu'il traverse ; cette explo-
ration, qui n'a pas encore été faite, présenterait un grand intérêt pour l'avenir commercial de notre colonie, en attirant
chez nous les importantes caravanes du Fouta-Diallon.

Telles sont les principales voies commerciales à ouvrir le
plus tôt possible, si l'on veut ouvrir de nouveaux débouchés et
donner de l'extension aux transactions commerciales.

IMPORTATIONS ET EXPORTATIONS.

Les produits d'importation augmenteront à mesure que nous créerons des besoins aux indigènes et que nous ouvrirons de nouveaux débouchés. Comme produits à importer, nous avons les tissus, les armes, la poudre, la pacotille, le sel, le tabac, etc., etc. Comme produits agricoles à exporter, nous avons les arachides, le riz, le coton, l'indigo, le bétail, etc., etc.

En dehors de ces produits, le pays présente des ressources métallurgiques et des richesses naturelles, comme l'or, l'ivoire, le fer, la gomme, le caoutchouc, les plumes d'autruche, les oiseaux, etc.

En présence de toutes ces ressources, nous avons donc dans le Soudan occidental une grande colonie destinée à devenir une des colonies les plus commerçantes que nous ayons eues jusqu'à présent, à la condition, toutefois, que nous fassions preuve de patience et de persévérance, deux qualités que possèdent certaines puissances coloniales qui ne regardent pas à faire même des dépenses exagérées quand elles savent que ces dépenses seront largement rétribuées plus tard par les ressources que présente la colonie.

En résumé, si la France veut poursuivre la solution du grand problème de la colonisation et de la civilisation du Soudan occidental avec fermeté et énergie, l'avenir nous paiera largement de nos peines, et, dans quelques années, se trouvera réalisée la prédiction d'O. Reclus :

« Longtemps, on nous a jeté ce nom de Sénégal à la face ;
« mais ce vieux témoin de notre impuissance en Afrique, ce
« pays décrié : fournaise et marais, est à la veille de s'étendre au
« loin vers l'ouest. Riez... Pauvre comptoir, il sera demain vaste
« empire. Après l'Algérie, nous n'avons rien d'autre digne de
« la France. »

FIN.

Lille. — Imp. DESCLÉE DE BROUWER et Cᵉ

OUVRAGES SUR LA COLONIE DU SÉNÉGAL

à Paris, chez CHALLAMEL aîné, 5, rue Jacob.

Sénégal et Niger. La France dans l'Afrique occidentale, 1879-1883. (Publication du ministère de la marine et des colonies). 1 beau volume in-8, avec un Atlas de cartes, vues et plans. 15 00

Guide hygiénique et médical du voyageur dans l'Afrique centrale, rédigé au nom d'une commission de la société de médecine pratique par Messieurs le Dr NICOLAS, le Dr LACAZE et M. SIGNOL, médecin vétérinaire, et publié sous le patronage de la société de géographie de Paris, de la société de géographie commerciale, et des autres sociétés de géographie de France. 1 fort volume in-12, relié toile. 7 00

Guide du voyageur dans la Sénégambie Française par M. A. BARTHÉLEMY. 1 volume in-18. 5 00

Petite géographie de l'Afrique en général et de la Sénégambie en particulier, à l'usage des écoles, par C. MATHIEU. 1 volume in-18 cartonné. 2 00

Grande et belle carte de la colonie du Sénégal et de ses dépendances, possessions françaises de la côte occidentale d'Afrique, à l'usage des administrations et des écoles de la Sénégambie ; avec plans de Dakar, St-Louis, île de Gorée et île du Cap Vert, par C. MATHIEU, professeur de l'enseignement à St-Louis. 1 feuille grand aigle en dix couleurs. 8 00

Carte de l'Afrique occidentale, publiée par une commission supérieure du ministère des travaux publics. 1 feuille grand aigle. 10 00

Esquisses Sénégalaises, physionomie du pays, peuplades, commerce, religion, passé et avenir. Récits et légendes par M. l'abbé BOILAT, missionnaire apostolique. 1 volume grand in-8 avec carte et un atlas de 24 planches coloriées du même format. 40 00

Quinze mois en Sénégambie, par S. HAURIGOT. Brochure in-8. 1 25

Le Sénégal, Étude intime par le Docteur RICARD. 1 volume in-18. 3 50

Côte occidentale d'Afrique. Côte d'or. Géographie, commerce, mœurs, par PRUCHGARIC, capitaine au long cours. Brochure in-8. 2 00

Carte de l'Ogooué, du Niari et du Congo, par le commandant KOCH, contenant les documents de MM. du CHAILLU, MARCHE, de BRAZZA, de STANLEY, DUTREUIL de RHINS, MIZON, au 1/2,000,000. 1 feuille en quatre couleurs. 3 00

Carte du Haut-Sénégal. Campagne 1880-81, levée sous la direction de M. le Commandant DERRIEN. 6 feuilles colombier au 1/100,000 en trois couleurs. 12 00

Environs de Médine. Mission topographique du Haut-Sénégal. Carte au 1/50,000. 1 feuille en 4 couleurs. 2 00

Environs de Kita, même mission. Carte au 1/50,000. 1 feuille en 4 couleurs. 2 00
Itinéraire de Kita à Mourgoula. Même mission. Carte au 1/50,000. 1 feuille en 4 couleurs. 2 00

Annales Sénégalaises de 1854 à 1885, suivies des traités passés avec les indigènes. 1 volume in-18. 3 50

Les peuplades de la Sénégambie. Histoire, ethnographie, mœurs, légendes, etc., par L. J. B. BÉRENGER-FÉRAUD, médecin en chef de la marine. 1 vol. in-8. 12 00